meet
China

透过文化细节，认识真实中国

认识中国

THE SOURCE OF CHINESE THOUGHT: CONFUCIANISM, BUDDHISM AND TAOISM

中国人的思想源泉：儒释道

王传龙　著

北京语言大学出版社
BEIJING LANGUAGE AND CULTURE
UNIVERSITY PRESS

©2016 北京语言大学出版社，社图号 16078

图书在版编目（ＣＩＰ）数据

中国人的思想源泉：儒释道 / 王传龙著 . -- 北京：
北京语言大学出版社，2016.7（2022.10 重印）
（认识中国系列图文书）
ISBN 978-7-5619-4522-3

Ⅰ . ①中… Ⅱ . ①王… Ⅲ . ①哲学思想 - 研究 - 中国
- 古代Ⅳ . ① B2

中国版本图书馆 CIP 数据核字 (2016) 第 133019 号

本书图片主要来自 CFP 汉华易美、fotoe、全景视觉等图片库

中国人的思想源泉：儒释道
ZHONGGUOREN DE SIXIANG YUANQUAN：RU SHI DAO

项目策划：上官雪娜　　　　　　　　责任编辑：上官雪娜　吴硕
装帧设计：鑫联必升文化发展有限公司　责任印制：周　燚

出版发行：北京语言大学出版社
社　　　址：北京市海淀区学院路 15 号，100083
网　　　址：www.blcup.com
电子信箱：service@blcup.com
电　　　话：编 辑 部　8610-82303392
　　　　　　发 行 部　8610-82303650/3591/3648（国内）
　　　　　　　　　　　8610-82303365/3080/3668（海外）
　　　　　　北语书店　8610-82303653
　　　　　　网购咨询　8610-82303908
印　　　刷：天津嘉恒印务有限公司

版　　次：2016 年 7 月第 1 版　　印　　次：2022 年 10 月第 2 次印刷
开　　本：787 毫米 ×1092 毫米　1/16　印　　张：9.25
字　　数：119 千字
定　　价：45.00 元

PRINTED IN CHINA

前言

　　"认识中国"是一套向青少年介绍中国基本文化主题的系列图文书。第一辑共 9 本，涉及中国地理、历史、艺术、文学、科技、制度、思想等多个方面。首批图书均为宏观主题，撰写时尽量从青少年认知角度出发，以短小精悍的篇幅勾勒宏大文化脉络，遵循事物逻辑，详述原理推导，注重细节描述，从而实现以小见大的目的。我们反复打磨文字以做到言之有物，精挑细选图片以实现图片认知价值，努力做到知识性与趣味性相结合，期待以用心打造的图文世界为青少年读者们打开一扇认识中国文化的小窗，并真正获得愉悦而美好的阅读体验。

　　《中国人的思想源泉：儒释道》共分为"儒家的智慧""道家与道教""佛教的因果"三章，精要地叙述了儒、释、道三家的要旨、流派及历史演变。篇幅虽小，却内容丰富，可以为读者提供一个中国人思想变迁的基本脉络和线索。读完本书，我们希望读者能更加清晰地知道今天的中国"从哪里来"，从而更好地思考"向何处去"。古人的智慧不应成为今人的甜蜜负担，而应该是人们创造未来时取之不尽的思想源泉。

"认识中国"项目组

三教图　清　丁云鹏绘

目录
CONTENTS

中国拥有悠久的历史和绵延不绝的文化，是"四大文明古国"之中唯一在文化上传承至今的国家。中国幅员辽阔，人口众多，在漫长的历史长河中，诞生过无数的杰出人才，也产生过数之不尽的先进思想。在上千年的时间里，无论在经济上还是文化上，中国都遥遥领先于世界其他国家。古人曾经取得的巨大成就，对于中国人来说，既是无上的荣耀，也是甜蜜的负担。中国人对于祖先与圣贤总是饱含崇敬之情，不仅数千年来祭祀香火不绝，而且将他们以往的训诫与言行作为自身的行事准则，代代相传，血脉贯通，这也在一定程度上构成了中华文明的独特风貌。这种独特性同时也造就了中国人重继承而不重开创的传统。中国的人文学者，更看重"言必有据""字字皆有出处"，强调自己的思想溯源于古代的某位学者，而那些标新立异、违背古人原则的理论往往很难生存。即使要阐述一种全新的思想，也要先披上一层古人的外衣，借助于对古代典籍的再诠释而实现。正因为如此，要理解中国人的思想，就必须对中国古代思想脉络有所了解，才能追根溯源，鉴古知今。

中国古代的思想派别，大致在战国时期（公元前 475- 前 221 年）就已经形成。战国时天下大乱，诸侯国相互攻伐，竭力招揽人才以增强自己的国力，有志之士应运而起，纷纷著书讲学，阐述自己的思想，于是形成了"百家争鸣"的局面。以孔子、孟子为代表的儒家，以老子、庄子为代表的道家，以墨子为代表的墨家，以惠施、公孙龙为代表的名家，以商鞅、李斯、韩非子为代表的法家，以孙武、孙膑为代表的兵家，以苏秦、张仪为代表的纵横家，以邹衍为代表的阴阳家，以许行为代表的农家，以吕不韦为代表的杂家……各擅胜场，大放异彩。战国时期是中国思想史上最丰富多彩也最辉煌灿烂的时代，它奠定了中国思想文化的基础，对中国历史的影响极为深远。

诸子百家中，墨家强调"兼爱""非攻"，提倡无差别的、彻底平等的博爱思想，呼吁人与人之间和谐、平等共处，反对侵略战争。墨家还反对贵族世袭制度，主张根据才能选拔官吏，"官无常贵而民无终贱"；反对厚葬的风俗，认为办理丧事应该俭朴，服丧的时间也应该缩短，以节省社会财富。墨家是一个纪律严明的学派，积极干预现实事务，把维护社会正义看作自己义不容辞的责任。墨家的首领甚至亲自率领学生上战场，帮助受侵略的小国守御城池。墨家的成员要对首领效忠，并被派去各国任职，以推行墨家的主张，而所获得的俸禄也要向学派捐献。从某种意义上说，墨家可以看成是现代政党的雏形。

名家主要辩论"名实"问题。所谓"名"，是指事物的概念名称；所谓"实"，是事物的实际状况。名家并没有共同的主张，不同学者的观点差别极大。惠施

山东滕州的墨子雕像

中国国家博物馆陈列的《韩非子》明刊本

强调"合同异"，认为事物的高低差别是相对的而不是绝对的，主张"天与地卑，山与泽平"。公孙龙则强调个别与一般的差别，并将事物的各种属性与物质实体割裂开，提出"白马非马""离坚白"等命题。名家的各种言论与民众的普遍认识不同，被看成一种诡辩术，影响不广。

法家重视法律制度，主张以法治国，"不别亲疏，不殊贵贱，一断于法"。法家认为每个人都有趋利避害的本性，所以可以通过奖惩制度来治理百姓。它强调必须健全法律制度，由君主独自掌握军政大权，并按一定的技巧来驾驭群臣、推行政令。根据法家的观点，社会是一直在进步的，要根据当前的实际情况来制定具体的规章制度，不可以盲目效法古人。法家轻视道德教化的作用，主张"以刑去刑"，对轻罪也要实行重罚，以杜绝百姓犯罪的可能。法家极力推崇君主专制，并提出了一套比较完整的理论体系，这就为后来秦朝统一天下、确立中央集权的官僚制度提供了理论依据。但是，法家只考虑维护君主的利益，要求百姓绝对服从官吏，却忽视百姓自身的需求，因而很容易引发民众的反抗。

兵家着重研究防御和攻击的战略战术，以应对具体的战争。兵家整理编成的各种兵法书籍，如《孙子兵法》《吴子兵法》《尉缭子》等，皆是中国历代

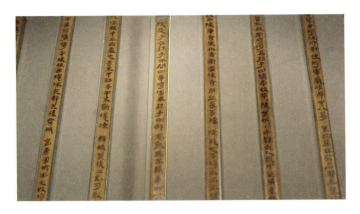
山东博物馆陈列的汉代《孙膑兵法》竹简

杰出将领的必读教材。兵家所总结归纳出的各种克敌制胜的策略，被应用到商场、官场，一样屡获奇效。

纵横家侧重于外交游说，通过剖析列国间的利害关系，来影响双方的势力分布及军事战略，自己则从中获取利益。纵横家能够分析人情世故，针对人性弱点，将自己的意图巧妙地包装起来推销出去，因此特别看重言语表达能力与具体场景下的辩论技巧。

阴阳家将中国古代巫术与阴阳五行相结合，希望构建出一套能够解释世界起源、社会变迁的哲学理论。邹衍提出的"五德终始说"，认为天地间共有金、木、水、火、土五种德性，五德相生相克，循环不止。王朝的兴衰、帝王的更替，实际上是一种德性战胜了另一种德性。当王朝处于某种德性之下时，必须按照对应德性的要求，改变官服的颜色、历法的起始月等，以顺应天命，获得长治久安。

农家主张每个人都应该从事生产劳动、自食其力，反对阶级性的社会分工，认为谁都不该依靠剥削别人来维持生活。农家还主张凡是同样的商品，售价必须一致，物物等量交换，不允许价格随需求而波动。从本质上说，农家是倡导大家都回到原始社会中去，建立起一个小生产者的乌托邦。农家成员一方面坚持身体力行的耕地劳作，组织起了小规模的农村公社；另一方面也不断向外界宣传自己的主张，希望吸引更多的人参与进来，但效果不佳。

杂家杂取各家思想兼而有之，并无自己的具体宗旨，严格来说不能视为一种独立的学术派别。与之类似，还有一种以采集民间传说议论为主的小说家，影响更小，一向被认为是不入流的派别。

以上诸家学派，名家、兵家、纵横家、阴阳家，只是研究某一领域的具体学问，缺少整体的治国策略，因而不具备承担官方意识形态的能力。墨家的许多思想都过于超前，不但反对一切不义战争，甚至主张天子也应该由选举产生，因此，在中国将近两千年的帝制时代一直处于沉寂之中。农家的思想则过于落后时代，要求人们全部退回到社会分工开始之前的原始社会中，与历史前进的方向背道而驰，也不可能推广开来。法家在秦国统一天下的过程中起到过重要作用，并一度被统一后的秦朝采纳为官方主流思想，但由于其自身的缺陷，很快激起了大规模的农民起义，并导致秦朝的迅速灭亡。秦朝的残酷教训，让后代帝王均不敢再明目张胆地以法家思想作为官方思想，承担官方意识形态的责任就落到了儒家和道家身上。

汉朝一统天下之后，最初采用道家思想来治国，无为而治，与民休息，社会经济很快复苏，获得了理想的效果。但是，汉朝在国力昌盛之后，其精神面貌已从清静无为转变为积极进取，注重守成的道家思想逐渐变得不再适应新的社会形势。汉武帝时期，实行了"罢黜百家，独尊儒术"的方针，确立儒家思想为官方主流思想，其他学派的思想观点随之遭到废弃。儒家思想从此登上中国的政治舞台，并一直占据着官方意识形态的地位，前后达两千年之久。与此同时，失去主流地位的道家思想与民间巫术相结合，诞生出了中国规模最大、影响最广的本土宗教——道教。东汉时，佛教又传入中国，并迅速在中国的大地上生根发芽。佛教哲学中蕴藏着深刻的智慧，它在世界的形成、自我的认知、哲理的分析等方面，都有着独到的见解，能够弥补中国古代思想之不足，因而也获得不少帝王、学者的推崇，与儒学、道教渐成鼎足而三之势。

儒学、道教、佛教，在基本观点上存在差别，又各自拥有非常广泛的信徒，因而相互之间辩论、斗争十分剧烈。而这种对立与斗争，又不可避免地趋向彼此的渗透与融合，从而赋予中国人独特的思维方式和行为模式。而中国传统文化思想，就是以儒、释（佛陀姓氏是释迦牟尼，后世用"释"作为佛教的简称）、道三家思想为精神主干而共同建构起来的。如果对这三家的学术宗旨、流派类别、演变过程缺乏了解，就不可能明白中国人的内心世界，更不可能感受到中华文明的独特魅力。本书要做的就是简要梳理三家的来龙去脉，以激发读者深入探究的兴趣。读完本书，你会发现中国人的生活处处在接受这些智慧的指引，它们是中国人思想的源泉，并在发展中不断为人们提供着丰富的养分。

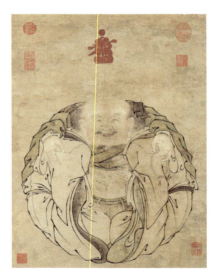

明朝皇帝朱见深作品《一团和气图》，通过三人合一的画面传达出中国古代思想儒释道融合的特点。

　　儒家诞生于中国先秦时期，起初只是以孔子、孟子等人为代表人物的学术派别，主张施行仁政以管理国家、教化百姓。自汉代以后，儒家被确立为官方主流思想，并被后世两千年的帝制王朝所沿袭，因而对中国历史产生了深远的影响。近代以来，儒家文化虽然一度遭到批判与冲击，但在当代中国，儒家思想仍然是大多数民众世界观和人生观的核心成分，并被普遍视为中国文化的典型印记。

孔子弟子像图卷（局部）传为唐阎立本绘

先秦的儒家

孔子

　　公元前 496 年，正值春秋时期，一位年过五旬的老者，率领着他的学生风尘仆仆地从卫国赶往陈国。在经过匡地时，老者和学生们被气势汹汹的匡人团团围住，情况十分紧急。学生们慌了手脚，老者却一脸坦然，安慰他们："周文王已经去世，他创立的文化不正保存在我身上吗？上天如果要消灭这种文化，也就不会让我掌握它们了。如果上天不想消灭这种文化，匡人又能把我怎么样呢？"这位自信而镇定的老者，就是在中国家喻户晓的思想家——孔子。

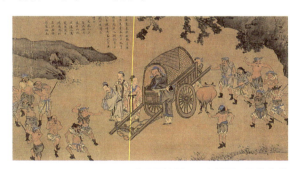

孔子圣迹图·匡人解围　明　佚名绘

【文献】

　　子畏于匡，曰："文王既没，文不在兹乎？天之将丧斯文也，后死者不得与于斯文也；天之未丧斯文也，匡人其如予何？"

——《论语·述而》

孔子非常推崇西周的制度，认为它吸取了夏、商两代的优点，丰富而完备，是他心目中最好的施政样本。孔子生活的春秋时期，周天子已经名存实亡，各诸侯国相继称霸，甚至"政在大夫""陪臣执国命"。孔子在各国间奔走，希望能够恢复西周的礼法制度，让各级官员严格遵守规则，禁止一切违背伦理的僭越行为。孔子坚信他身上保存着由周文王所创立的制度与文化，而它是拯救乱世的唯一药方。他希望通过自己的呼吁和传播，让民众都信仰仁义之道，修养成儒雅、有礼的君子，所以后世将孔子开创的学派称为"儒家"。

孔子思想中的"仁"与"礼"

孔子像　宋　马远绘

孔子强调个人修养，希望每个人通过适当的教育与学习都能成长为文质彬彬的君子。而君子的标准，则不外乎仁爱、忠恕之道。"仁"，是儒家学派的核心思想，也是待人接物、治国安邦的最高行为准则。"仁者爱人"是一种渐进式的、推己及人的爱。孔子倡导每个人要先从自身做起，在家孝敬父母，友爱兄弟，让自己的家庭达到美满和谐，在此基础上还应做到"己所不欲，勿施于人"，既然不想让自己的亲人受到伤害，就不要去伤害别人的亲人。孔子立论的出发点，是认为每个人的本性都是相近的，都希望自己能够成功，能够获得别人的尊重，也都希望自己关心的人能够幸福。推己及人，你希望别人如何对待你，你就应该用同样的标准去对待别人。

如果说"仁"是儒家思想的内核，那么"礼"就是它的外化形式。孔子认为，君子必须要能够约束自己，将言行举止限制在礼法许可的范围内，"非礼勿视，非礼勿听，非礼勿言，非礼勿动"。比如，礼法规定，父母去世后，子女一律要服丧三年，以表达对父母的怀念。假如有人想缩短这一期限，孔子认为这就是不仁的表现。但反过来，如果悲哀过重，丧期过后仍然服丧，甚至到了影响身体健康的状态，孔子也表示反对，认为这是过犹不及，同样是不守礼法的行为。在孔子看来，君子行事要合乎礼法，不偏不倚，遵循中道。无论是超出礼法的限度，还是达不到礼法的要求，都是不合适的。

孔子圣迹图·治任别归 明 佚名绘

礼法治国的理念

　　在孔子心目中，君子是完美人格的体现者，他们对身边的人会有道德感化作用，就如同风吹过小草一样，草一定会顺着风向倒伏。治理国家也是一样，只有任用君子，提拔贤能，为百姓做出表率，下层的人民才会跟着效仿。孔子主张，无论君主还是大臣，都必须加强自我修养，遵循符合自己地位的相应准则，用道德熏化、礼法约束的方式来治理国家，而不是单纯运用法律。如果君王仅用政令来管理民众，用刑罚惩治违反法律的人，百姓只会为逃避刑罚而遵守政令，这种服从是被动的，他们内心并不会明白什么是廉耻；而用道德去引导百姓，用礼法去约束他们，百姓就具有了羞耻之心，会主动地遵守和维护社会道德。孔子反对事先没有经过道德教化的过程就开始依据法律对违法乱纪的百姓进行惩罚杀戮，他认为这跟有意施虐没有什么区别。

【文献】

　　季康子问政于孔子，曰："如杀无道以就有道，何如？"孔子对曰："子为政，焉用杀？子欲善而民善矣。君子之德风，小人之德草。草上之风，必偃。"

——《论语·颜渊》

　　子曰："道之以政，齐之以刑，民免而无耻；道之以德，齐之以礼，有耻且格。"

——《论语·为政》

述而不作的思想家与教育家

江苏南京夫子庙大成殿里的孔子像及万世师表匾额

　　孔子认为他的使命在于把周文王时代的文化和制度传承下去，所以他生平并不进行创作，而只是叙述、教授前人的学说。孔子率领着他的弟子，周游列国，希望说服各地的君主用他的理念来治理国家，但都没有成功。晚年，孔子回到家乡，整理汇编古代的诗歌、礼法规定、历史记载，并用这些作为教材来教育他的学生。孔子的言行被弟子们记录下来，汇编成《论语》，这也是我们今天了解孔子思想最权威的著作。

　　在孔子之前，只有贵族才拥有受教育的权利。孔子却并不区分学生的身份，无论是贵族还是平民，凡虚心求学者一律接收，而且能够根据他们不同的志向和才干进行有针对性的教育。《论语》中记载了大量孔子与学生的对话，学生们不同的个性跃然纸上，孔子对他们的教诲也各具特色。在中国，孔子不但被视为伟大的思想家，也同样是平民教育的创始人，他所倡导的许多先进的教育理念，直到今天仍具有实践价值。

孟子

《绘图详注蒙学三字经》中的插图《孟子说齐图》

孔子去世没多久，各诸侯国之间的战争变得更加频繁，历史进入战国时期。为提升实力，各国君主也更加重视吸纳人才。有一天，齐宣王接见了一位来自鲁国的著名学者。这位学者问齐宣王："假如有个人要去远方游历，把自己的妻儿托付给朋友，但等到回来的时候，却发现自己的妻儿都在挨饿受冻，那该怎么办？"齐宣王毫不犹豫地回答："跟这个朋友绝交！"学者再问："假如有一位司法官不能管理好他的下属，那该怎么办？"齐宣王不假思索地说："罢免掉这个官员！"学者紧接着追问："假如一位君主不能治理好自己的国家，那该怎么办？"齐宣王顿时哑口无言。

这位学者就是孟子。孟子认为自己能够在一国君主面前侃侃而谈，并能将对方驳倒，靠的是一身"浩然之气"。有人问他什么是"浩然之气"，孟子认为很难说清楚，但这是一种存在于人心中的正义力量，如果有人做了什么亏心的事情，这种力量就会衰竭。孟子是战国时期的辩论大师，他很擅长用各种辩论手法去驳倒一切违背仁义的言论与说辞。

孟子的"仁义礼智"

孟子虔诚地信仰孔子的"仁义"学说，并在此基础上进行了补充和发展。孟子认为，人的本性是善良的，都具有同情别人的心、知道羞耻的心、对人恭敬的心、明辨是非的心。这四种心，孟子分别称为仁、义、礼、智，它们并不是外在强加给个人的，而是人类先天就具有的。那些为非作歹的人只是没有去寻求自己的本性，而任由欲望蒙蔽了自己的心灵而已。在孟子看来，每个人都有可能成为尧舜那样的大圣人，关键是要一直践行仁义，端正品行，仁爱他人，这样，天下的人自然都会归附于他。那些坚持正道的人，一定会获得别人的帮助；为非作歹的人，必将陷入孤立无援、众叛亲离的困境。

【文献】

　　恻隐之心，人皆有之；羞恶之心，人皆有之；恭敬之心，人皆有之；是非之心，人皆有之。恻隐之心，仁也；羞恶之心，义也；恭敬之心，礼也；是非之心，智也。仁义礼智，非由外铄，我固有之也，弗思耳矣。

——《孟子·告子上》

推行"仁政"的民本思想

孟子主张，管理国家应该效法先王，推行仁政，分配田地，让百姓都富足起来，这样才能天下太平。人民有了固定的财产，安居乐业，才

湖南长沙岳麓书院大成殿的孟子画像

不会铤而走险，造成社会动乱。而国君只有与民同乐，才能真正治理好自己的国家，若只顾满足自己的欲望而不关心百姓死活，必定会丧国辱身。在孟子的主张里，世界上最珍贵的是人民，其次是国家，分量最轻的是君主。君主对百姓并没有生杀予夺的权利，彼此间的尊重应该是相互的。假如君主把百姓当成手足，百姓也会把君主当成腹心；假如君主把百姓当成可以随意丢弃的泥土和野草，百姓也会把君主当成不共戴天的仇敌。那些为了争夺土地、城池而发动战争、杀人无数的君主，孟子认为他们

【文献】

　　争地以战，杀人盈野；争城以战，杀人盈城，此所谓率土地而食人肉，罪不容于死。

——《孟子·离娄上》

即使判处死刑都赎不清罪过。假如臣子杀死这种残害仁义的君主，并不算是谋反弑君，而只是除掉了一个独夫民贼而已。孟子的这些民本思想出现在君主专制时代，显得尤为难能可贵。

全民教育的开放理念

与儒学先师孔子一样，孟子同样特别看重教育。他进一步发展了孔子"有教无类"的思想，主张由国家设立学校来推行全民教育。孟子很强调老师的素质，认为老师要给学生们树立一个模范榜样，学生们才会跟着效仿。为了避免因血缘关系而降低教育的效果，孟子主张"易子而教"，也就是说，父亲不亲自教育自己的孩子，而为其延请别的老师。孟子还特别强调培养学生独立思考的能力，认为如果完全信任教材上的内容，那还不如没有教材。孟子晚年退居讲学，阐发孔子之道，弟子们把他的思想言行汇编为《孟子》一书。在中国，孟子被尊称为"亚圣"，也就是仅次于孔子的儒家圣贤。孔子与孟子的学说被后人并称为"孔孟之道"，成为儒家思想的代名词。

孟子故居——邹城孟府

荀子

荀子是中国先秦时期最后一位大儒，但他的风格却跟孔子、孟子都不同。如果说孔子是一位循循善诱的教育家，孟子像一位口若悬河的辩论大师，荀子则更像一位冷静理性的哲学家。

河北滦南荀子雕像

人性本善还是人性本恶？

荀子不赞同孟子的"性善说"，他认为人的本性是邪恶的，人生来就有追逐名利的欲望，会渴望物质财富，会贪图耳目享受。如果每个人都按照自己的本性行事，就一定会互相争夺，整个社会也会陷入暴乱之中。但荀子并不否定善的存在，只是认为善是后天的、人为的，需要通过教育使人们去恶从善。他甚至认为，只要借助恰当的教育手段，可以把任何一个人都培养成圣贤。

孟子主张性善，荀子主张性恶，虽然二者看起来截然相反，但最终推导出的结论却非常相似。孟子主张要利用后天的教育，让人人都遵循礼法，这样才不会让私欲蒙蔽了善良的本性；荀子也主张要利用后天的教育，用礼法对人类的行为进行约束，这样才能克制邪恶的本性。二者出发点虽不同，但都希望把民众培养成善良而守礼的君子，这也是他们都被归为儒家学者的原因。

效法先王不如效法后王

荀子认为，人生来就有欲望，假如没有等级和界限，民众就会陷入无休止的争夺中。正是因为不想出现这种情形，先王才特别制定了礼法来严格区分社会等级以调节人们的欲望。因此，礼法对于国家而言，就像能够衡量轻重的秤砣、能够判断曲直的墨尺一样重要。人类如果没有礼法就无法生活，事情如果缺少礼法就不能成功，国家如果失去礼法就不能安宁。而要建立并施行礼法制度，莫过于效法贤明的君主。

在这一点上，孔子、孟子都主张效法先王，而荀子则提出了效法后王的说法。所谓后王，就是与自己时代比较接近的贤明君主。荀子认为，上古遥远的君主，关于他们的事迹都已经模糊不清，他们的音乐节奏、礼法条文，保存下来的也都残缺不全了。荀子认为，从根本上说，古今治乱之道并没有差别，与其把目光投向遥远的过去，不如选择与我们时代接近的、能够清楚明白地进行考察的君主，从而以小见大，以近知远，以己度人。

【文献】

礼之于正国家也，如权衡之于轻重也，如绳墨之于曲直也。故人无礼不生，事无礼不成，国家无礼不宁。

——《荀子·大略》

顺应天道与人定胜天

先秦时期的学者们热衷于探讨人类生存的合理模式与根本意义，并对其中的一些重要的哲学命题反复辩驳，而人类应当如何对待"天命"，则是争论最为激烈的命题之一，不仅儒家、墨家、道家、法家的观点各不相同，即使在同一学派的内部也互有分歧。

对于天命的理解，荀子跟孟子的观点可谓截然不同。在孟子眼中，天命是高深莫测的，它不因为人的好恶而有所改变，人们只应该无条件地顺从它，而不该对它提出抱怨和质疑。而荀子则认为，上天有自己的运行规律，人们只要掌握了这种规律，就可以让天命为人们所用。荀子宣称，只要人们懂得增加储备与节约开支，即使是上天也无法让我们贫困；如果人们不事积累而肆意挥霍，即使上天也无法让我们富裕。显然，荀子眼中的天并不是神，而是客观存在并一直按规律在运转的自然。

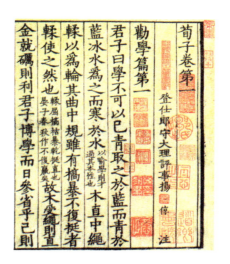

荀子的思想都保存在他的经典著作《荀子》一书中

秦汉的儒学

董仲舒

"天人三策"受帝王器重

秦朝统一天下后，采用法家思想治理国家，但仅仅维持了十五年攻权就被推翻了。汉朝重新统一中国后，改用道家的"无为"思想治国，休养生息，社会经济逐步复苏。汉武帝即位后，要求各地推举贤才，由皇帝亲自出题考查。在被推举者中有一个年轻人前后三次对策都得到汉武帝极大的赞赏。他不仅赢得了汉武帝的重用，还使自己的理论在中国思想史上获得了重要的地位——这个人就是董仲舒。董仲舒自称为儒家，但他的理论体系中掺杂了很多阴阳五行元素，富有神秘色彩，与先秦儒学相差极大。他能够得到提拔和赏识，主要还在于其理论能够迎合统治者的政治需要，为汉王朝统治的合理性披上了神圣的外衣。

河北故城董仲舒祠堂遗址——董子祠

"天人感应"学说

董仲舒最重要也最具代表性的思想是"天人感应"学说。这种学说认为，上天和人类之间存在着一种神秘莫测的相互感应关系。上天有意识地干预人类社会的运作，反过来，人类的行为也会影响天命。在这里，董仲舒眼中的"天"并不是荀子所认为的客观自然的"天"，而是一种类似于神的有思维、能赏罚的存在。

董仲舒认为，天是至高无上的，它创造了人类，又创造了万物来养育人类。那些最终能够统一天下的皇帝，并不是凭借自己的力量做到的，而是上天授权他们成为人间的代表，由他们来统治和保护一个国家的土地和人民。皇帝必须尊敬并祭祀上天，顺从天的意志行事，推行仁政，教化百姓。皇帝的所作所为符合上天的意图，上天就会降下种种祥瑞，以表达对皇帝的赞许和奖赏；皇帝倒行逆施，违背上天的意图，上天就会降下水灾、火灾等自然灾害，警告皇帝；皇帝还不反省，继续为非作歹，上天就会降下日食、流星等怪异景象，震慑皇帝；皇帝若一意孤行，上天最后就会让这个国家衰落乃至灭亡。董仲舒认为，上天是仁慈的，总是尽可能地扶持人间的皇帝，只有那些无可救药的君主才会自取灭亡。

【文献】

国家将有失道之败，而天乃先出灾难以谴告之。不知自省，又出怪异以警惧之，尚不知变，而伤败乃至。以此见天心之仁爱，人君而欲止其乱也。

——《汉书·董仲舒传》

"大一统"学说

董仲舒通晓儒家经典，尤其擅长《春秋》公羊传。《春秋》是孔子所编订的鲁国史书，后世主要有三家传承训解，分别是公羊传、谷梁传、左传。公羊传《春秋》不注重解释《春秋》中的词句意思，而着意诠释文中的"微言大义"。公羊传相信孔子每句话背后都有一些高深的道理，而其中最重要的就是"大一统"学说。董仲舒推崇公羊学，又杂取阴阳五行学说，撰写了《春秋繁露》一书，详细阐明了"大一统"的概念。

"大一统"理论认为，上天的运行其实是一种周而复始的有规律循环，称为三统循环。比如，三代中的夏代崇尚黑色，以寅月为正月；商代崇尚白色，以丑月为正月；周代崇尚赤色，以子月为正月，这样就完成了一个循环。取代周代的王朝再次崇尚黑色，以寅月为正月，此后的王朝以此类推，并按照三统循环模式，确定自己的服色、礼法，这样才能合乎天命。而君臣、父子、夫妻的关系则要符合阴阳之义，阴者不能独立自主，必须依附阳者生存。因此，国君对于臣属、父亲对于儿子、丈夫对于妻子，都从属于阴阳关系范畴，前者对后者拥有绝对的权利。"大一统"理论为帝制王朝存在的合法性找到了神学上的依据。

【文献】

君臣父子夫妇之义，皆取诸阴阳之道。君为阳，臣为阴；父为阳，子为阴；夫为阳，妻为阴。阴道无所独行，其始也不得专起，其终也不得分功，有所兼之义。是故臣兼功于君，子兼功于父，妻兼功于夫，阴兼功于阳。

——《春秋繁露》卷十一

罢黜百家，独尊儒术

董仲舒还把"大一统"理论运用到学术上。他认为，当前存在的各种学派，观点各不相同，这就让皇帝无法统一思想，下层的百姓也不知道该遵守哪一家的学说。所以，凡是不符合儒家经典、不遵循孔子之道的各种学派，应该一律禁绝，不允许再行传播。汉武帝采纳了这一建议，"罢黜百家，独尊儒术"，将儒学确立为唯一的官方学说。这一政策使得诸子百家中很多学说因缺少关注和传承而渐趋消亡。

虽然对董仲舒个人的评价颇多可议之处，但从整个中国古代思想史来看，他对于儒学的普及、传播所做出的贡献是后来者不可比拟的。也正是从董仲舒开始，儒学成为中国历代王朝的正统思想，受到政府的支持和保护，并持续了两千年之久。

《历代帝王圣贤名臣大儒遗像》中的董仲舒

五经博士

伏生授经图 明 杜堇绘

先秦时代的典籍，历经多年，因语言变迁而令后人感到晦涩难懂，必须有专门的注解才能读懂。儒家的经书被称为"六经"，相传由孔子所编订，它们分别是《春秋》《诗经》《乐经》《尚书》《礼经》和《周易》，但《乐经》在秦代以后就失传了，其余五种被合称为"五经"。汉武帝独尊儒术之后，开始在朝廷设立"五经博士"，每一部经书都由专门的博士负责研究以阐释其中孔子的"微言大义"。所谓五经博士，既可以看作国家最高教育机构的讲师，又可以看成国家元首的智囊团。

儒学被确立为官方正统思想后，相对于其他诸家学派已取得了绝对的胜利。但是，儒家内部分化出的不同派别又开始产生新的学术冲突。

西汉的学风，重视师法，凡是跟随某一位经师研修某一种经书，则对于老师的训诂讲解、归纳判断都必须严格遵从。若出现与老师解说不一致的独立见解，会被认作离经叛道，背弃师门。显然，不同的经师对于经书的解释肯定会存在差异，由此每位老师和他的学生们就形成了不同的派系。不同派系之间的辩难往往非常激烈，而这还不仅仅是学术上的争论，更会牵扯到实际的权益争夺。一种学说一旦被朝廷接纳，其代表人物被召拜为经学博士，他的学生也往往能晋身仕途，获得诱人的功名。未入选的学术派系则会在民众中广泛传播，不断扩大自己的影响力，以期有朝一日翻身成为官方正统。

今文经学与古文经学

由于经学博士们手上的经书都是经过若干年口耳相传、最后用汉代的文字传抄而成的，因此被称为"今文经学"。而很多在野学派的经书，则大多来自于山洞、夹壁中所获得的古籍，使用的是先秦的古文字，因此被称为"古文经学"。西汉末期，古文经学的代表人物刘歆，经过多年抗争，最终使古文经学的学说也陆续被确立为官学。

中国国家博物馆藏儒家经书定本——东汉熹平石经残片

今文经学长期占据官学地位，经解越来越烦琐，弊病越来越明显。例如秦近君讲述《尧典》，仅仅题目两个字的解释就达到了十万字。这种注解经书的做法，导致一位学生从青年时代学起，一直学到头发花白，也未必能学完一本经书。与之形成鲜明对比的是，古文经学的地位被承认之后，出现了大批著名的古文经学家。这些起自民间的经学家，受到的束缚较少，能够简明扼要地抓住经文的核心思想，从而迅速崛起，最终与今文经学分庭抗礼。

在今文经学与古文经学的争斗中，双方的学术思想也在慢慢渗透，彼此融合。公元 79 年，汉章帝召集群儒在白虎观讨论五经同异，会议持续了近两个月，今文学家和古文学家逐一作答，不同的观点由皇帝裁夺，最终确定官方思想，并汇编为《白虎奏议》（已佚）和《白虎通义》两种著作。从《白虎通义》来看，它不直接陈述某家的观点，而是分专题总结讨论的结果，观点兼采今文、古文二家之说，对于经学之间的融合意义重大。

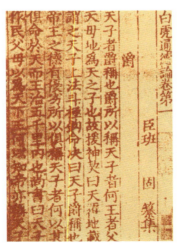

班固整理并写成《白虎通德论》，又称《白虎通义》或《白虎通》

经学大师郑玄

《至圣先贤画像》中的郑玄

东汉末年，经学大师郑玄兼取诸家学说，删繁就简，刊改漏失，遍注群经，成为两汉经学的集大成者。郑玄在注解经传时，能够考订底本，标注古音，校勘是非，甚至采用古今对比的方式来说明自己的观点，打破了过去今文、古文的界限。从某种意义上说，今文、古文经学之争，到郑玄这里才彻底终结。

郑玄一生不求为官，而汲汲于经学研究，生平著述几十种，所收弟子数以千计。这些弟子，或在朝为官，或在野讲学，大多都能发挥老师的学说。郑玄所形成的影响力在当时无人能抗衡，而后代研修经学的人，也都不能忽视他的贡献，正如章权才《两汉经学史》所说的那样，"东汉以后千余年来世代相传的经学，其主流不是古文经学，也不是今文经学，而是郑玄开创的、调和今古并以封建礼教为核心的综合经学"。

王充

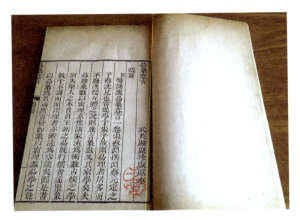

清武英殿外聚珍版《易纬》

汉代儒学大兴，除了经学家对典籍本义的诠释以外，谶纬之风也愈演愈烈。所谓谶纬，包括谶语和纬书两部分，前者是一种神秘的隐语，传说是上帝或神仙流传下来的，能够预知人类的吉凶祸福，通常还附有奇特的图画；后者则是依附于经典，神化孔子，用迷信、风水等手段对儒家经典进行解释的著作。谶语起源较早，在汉代尤其繁盛；这大概与当时"天人感应"思想的流行不无关系。汉代人普遍相信，凡是开国君主，上天必定会降下谶语符命。纬书的出现则与独尊儒术的"大一统"思想有关，由于孔子的地位一再被抬高并最终被神化，纬书就假托孔子对经书进行神秘化的解释，并以此在儒生中获得学术上的权威性。谶纬最兴盛时，被尊为"秘经"或"内学"，地位甚至超过被称为"外学"的经书。

从本质上说，谶纬是儒生与巫术方士相结合的产物，在认知程度有限的汉代，最终演变为一种笼罩政治、文化、生活各个层面的庞大思潮。

王充与《论衡》

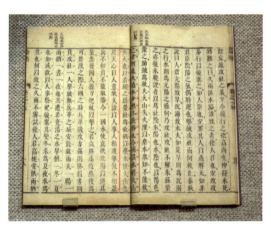

《论衡》清刻本

到东汉时，谶纬之风已然波及天下，学术丧失了理性，逐渐巫术化和神秘化。幸运的是，总有一些人具备独立思考的能力，并能对荒诞的风气予以驳斥，而其中批判最有力的人则非王充莫属。

王充耗费三十年的心血著成《论衡》一书，按照作者本人的观点，《论衡》的创作意图可概括为一句话，"疾虚妄"，也就是破除虚妄的迷信邪说。王充激烈反对谶纬之学，他通过考证，认为谶纬传言多无证据，又违背事实与逻辑，只能是虚造妄说。不仅如此，王充还在《论衡》一书中针对当时的迷信说法进行了逐条的分析和批驳。

王充虽然同样尊崇孔子，但并没有将他视为无所不知的圣人。《论衡》中的《问孔篇》，通过考察经书的前后语句，指出孔子的言行也常常有前后矛盾之处。对于孟子，王充也专门作了《刺孟篇》，指出孟子存在言论不实、贪官好仕的毛病。对儒家的两大宗师尚且不留情面，其批判力度可见一斑。

对于以董仲舒为代表的"天人感应"学说，王充同样是反对的。他认为：天道是自然、无为的，一切闪电雷鸣、自然灾害都有其规律，上天既不会示警，也不会主宰人类的命运。但王充同时认为，人类的富贵、祸福乃至一生的命运，都取决于其所秉之元气，而这种元气在父母交合受孕时就已经被确定下来。所以，虽然不相信天人感应，但本质上王充依然是一个宿命论者。

《论衡》是中国思想史上不可多得的杰作，尤其对于古代唯物主义思想的传播颇有助益。但王充的思想过于激进，在东汉时并没有被同代人所认可。

【文献】

　　若夫强弱夭寿，以百为数，不至百者，气自不足也。夫禀气渥则其体强，体强则其命长；气薄则其体弱，体弱则命短，命短则多病，寿短。

——《论衡·气寿》

理学与心学

周敦颐

　　魏晋南北朝四百多年，天下大乱，百姓朝不保夕，作为官方正统的儒家思想也失去了约束力。隋唐重新统一天下后，情况才有所改变。唐朝初年，面对秦汉时期种类繁多的儒家经典注释，朝廷组织力量对每种经书进行了筛选，保留一家注释，并为它作疏解，汇成《五经正义》颁行于天下，由此确立了儒家典籍的官方定本。此后，儒家的注解趋于统一，没有被挑中的诸家逐渐消亡。

　　唐朝天下稳定后，虽然国力繁盛、人才济济，但他们大多以建立世俗功业为个人追求，追摩圣贤的兴趣则颇为寥寥。同时，佛教兴盛于唐朝，成为民众普遍的宗教信仰。儒家的注释之学既不能像秦汉时期那样得以

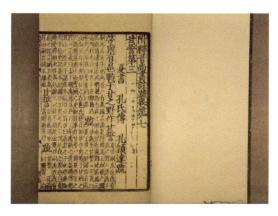

南京图书馆藏唐《尚书正义》注疏本

拓展，又不能承担民众的信仰，发展就变得非常缓慢。这种状况一直持续到宋代才彻底改变。

什么是"濂溪之学"

周敦颐像

宋代的儒学，汲取了佛教和道教的有益成分，建立起以存养天理为最高目标的哲学理念，从而成为能够与佛教、道教相抗衡的哲学思想。它的开创者是北宋学者周敦颐，因为周敦颐号濂溪，所以他的学说就被称为"濂溪之学"。

与两汉经学不同，濂溪之学的着眼点不在于注释儒家的典籍文本，而在于阐发心性义理。换句话说，周敦颐感兴趣的问题是：世界是如何诞生形成的？一个人应该怎样修行才能达到圣人的境界？周敦颐的观点都保留在他所撰写的《通书》和《太极图说》二书中。这两本著作相辅相成，《通书》叙述周敦颐的人生观，《太极图说》则阐述他的宇宙观。人生观建立在宇宙观之上，二者缺一不可。

《太极图说》与《通书》

赵孟頫书《太极图说》石刻拓片

周敦颐在《太极图说》中提出"无极而太极"，认为世界的形成是一个从无到有的过程，而太极则是世界最源初的动力。太极运动，就会产生阳；运动到极点，就会逐渐趋向静止，产生阴；静止到极点，又会重新开始运动。阴、阳就是这样往复循环，并在这个对立而又统一的过程中，产生了金、木、水、火、土五种元素，进而形成一年四季。天地万物都是由乾坤二气和合而成的，人类是其中最俊秀、最灵慧的生物。儒家的圣人因为具备中正仁义的品德，既是人类自身的模范代表，也是担当教化领袖的不二之选。周敦颐的《太极图说》在描述世界形成过程的同时，强调了人类自身的价值，并为圣人的必然存在提供了理论基础。

《通书》又名《易通》，借助对儒家经典《易经》的诠释，来阐述圣人的境界、成为圣人的方法以及圣人的功绩。周敦颐认为，"诚"是圣人的根本，纯粹至善，也是所有美好品德的源头。圣人之道，是天下至公之道，圣人如果居于上位，就可以仁育万物、教化万民，缔造出一个太平盛世。

【文献】

　　天以阳生万物，以阴成万物。生，仁也；成，义也。故圣人在上，以仁育万物，以义正万民。天道行而万物顺，圣德修而万民化。大顺大化，不见其迹、莫知其然之谓神。

——《通书·顺化第十一》

理学的意义与价值

　　周敦颐凭借《太极图说》和《通书》两种著作，把自然社会与人类社会关联到一起，将儒家的核心思想确立为符合天道的最高真理，改变了六朝以后儒学萎靡不振的局面，为儒学的复兴开拓出了一片新天地。

　　濂溪之学其实并没有翔实、精密的逻辑概念分析，其大部分元素也并非由周敦颐首创，甚至其中相当分量的内容都不是出自儒家。周敦颐的可贵之处，在于其为儒学提供了一个宏大的框架，将原本散碎的儒家经典、注释、行为，统统包容其中，成为圣人之道的一部分。从周敦颐开始，儒家由章句文辞之学变成了天人性命之学。学者们从事儒学研究的最终目的，不再是注解并辨清孔孟言论的本义，而是希望探寻到宇宙的终极道理，从而成为像孔孟那样的圣人，复礼作乐，施行教化，成为天下万民的导师。周敦颐所开启的新儒学，与自汉代到唐代几百年间的儒学十分不同，被后世称为"理学"。

周敦颐为官多年，虽然职位不高，但很得民心，晚年他隐居在庐山莲花峰下，建濂溪书堂讲学，从学于他的人很多。程颐、程颢两兄弟都曾就学于周敦颐，并创立了自己的学说，三人因此一同被尊称为宋明理学的奠基者。由周敦颐创立、程氏兄弟继承发展、最后由朱熹集大成的理学，成为宋、元、明、清四朝的官学，时间长达七百年之久，是儒学发展史的一个重要阶段。

湖南长沙岳麓书院濂溪祠

朱熹

朱熹的理学体系

　　朱熹被公认为宋代理学的集大成者，是因为他在继承周敦颐、程氏兄弟学说的基础上，又兼采佛教、道教的思想，融会贯通，构建起了一个体系复杂、结构完整的理学体系。

　　朱熹承认太极是万物的起源，但认为太极说的其实是一个"理"字。因为世界万物皆由太极而生，所以万物也就都包含了理。理是先天的、精神性的，是没有具体内涵的抽象存在。理产生了气，气生成了万物才有了物质性的实体。但是，万物身上所体现的理，并不是太极的一部分，而是一个完整的太极，就像月亮映射到水中，每处的水中都可以看到一个完整的月亮。以今天的眼光来评价，这是一种客观唯心主义的哲学思想。

朱熹认为心是人身的主宰，按照不同性质，又可以分为道心、人心两种。道心是符合天理的，代表着性命之正，表现为儒家仁义礼智的价值尺度；人心则是由气质所赋予的，所作所为有善有不善。道心、人心虽然说的是同一颗心，但前者是先天的性善成分，后者则是它后天的私欲成分。人们需要做的是让人心永远服从道心，这样才是顺应天理，才能达到圣人中正仁和的境界。而实现这一目标的途径，则在于"格物致知"。

【文献】

只是一个心，知觉从耳目之欲上去，便是人心；知觉从义理上去，便是道心。

——《朱子语类》卷七十八

人心自是不容去除，但要道心为主，即人心自不能夺，而亦莫非道心之所为矣。

——《朱文公文集·答郑子上书》

"格物致知"是儒家经典《大学》中的概念，朱熹把它用来作为自己哲学的认识论。朱熹认为，每个人的心都有认知能力，而天下万物都有它的道理。由于我们对这些道理的认识不够彻底，所以我们的认知能力才无法达到最高境界。对于具体事物，我们要借助于已经明白的道理，进一步去认识它，并把获得的知识逐渐累积起来，才能最终达到豁然贯通的境界。从这个角度出发，朱熹既主张通过读书去获取前人的间接经验，也主张通过身体力行获得直接的实践经验。朱熹本人著作颇丰，对于儒家的经书几乎每本都作了章句疏解。从这个角度看，也可以说，他不仅继承了宋初的濂溪之学，也同时继承了宋代以前的经解注疏之学。

辽宁省博物馆藏南宋《朱熹书翰文稿》

理学与心学的对撞

南宋淳熙二年（公元 1175 年），吕祖谦邀请两位当世最著名的理学家前往江西上饶的鹅湖寺，举行一场为期三天的辩论会。这场辩论会的规格很高，主持者吕祖谦本身就是一位著名的大学问家，辩论会的双方代表，一位是程氏兄弟的四传弟子、著名理学家朱熹，另一位则是与朱熹齐名的心学家陆九渊和他的哥哥陆九龄。吕祖谦邀请朱熹、陆九渊参与鹅湖之会，是看到了他们学说上的矛盾之处，希望二人通过深入的辩论，能够得到一个统一的结论。但由于陆九渊的心学体系与朱熹的理学体系差异太大，鹅湖之会并未达到吕祖谦的目的。

陆九渊认为太极是实理，既充塞于宇宙之中，又蕴藏在人心之中，因此他极为推崇人心的功能，强调"心即理"，认为人同此心，心同此理，

陆九渊像

而天理、物理皆蕴藏在人心之中，不随时间、空间而有所改变，甚至宣布"宇宙是吾心，吾心便是宇宙"。基于这种本体论，陆九渊的认识论更看重简易功夫，他认为治学不应从事传注之学，因为圣人之言本自明白，学者需要把精神从烦琐的文字中解脱出来，去体悟自己的心灵，而朱熹的治学方法则把圣贤之学搞得支离破碎，反而遮蔽了自己的心灵。陆九渊甚至追问朱熹："在尧舜之前，书籍尚未诞生，当时的人有什么书可以读呢？"朱熹则认为，陆九渊的个人修为虽然很高，但他的说法却等于尽废讲学，只关注自己的内心，取径过于狭窄，很可能会导致儒学的变质。

二人争辩的实质是客观唯心主义与主观唯心主义的差异，朱熹认为独立于人的知觉之外的客观精神是世界本源，陆九渊则认为人心才是世界本源。这次辩论会被后世称为"鹅湖之会"。

王阳明

王守仁像

元代时，朱熹的学说被正式确立为官学，而且成为科举考试取士的标准，明、清两代沿袭了这一制度。从那时开始，凡想要通过科举进入仕途的儒生，都必须以朱熹的注释为准绳，任何违背朱熹观点的学说都被认为"非正学"。但上百年一成不变的内容体系，必然会让程朱理学变得陈陈相因，了无生气。这种局面一直持续到明代中期王守仁的出现才被打破。

王守仁，号阳明，所以他所创立的学说被称为"阳明学"或"阳明心学"。王守仁年少时是朱熹学说坚定的信奉者，他相信，只要努力实践朱熹的"格物致知"就一定可以修养成儒家的圣人。他还曾尝试端坐在竹子面前，日夜沉思，希望能够参透竹子中蕴含的天理，但坚持了七天，一无所获，反而因为疲劳不堪而大病一场。为官之后，因为仗义执言，王守仁被贬到贵州做了一名品级低微的小官。当时的贵州几乎是与世隔绝的边远山区，王守仁接触到的也大多是语言不通的土著居民，他开始苦苦思索：如果圣人处在他这种情形下，又该如何应对？

王守仁特别制作了一个石墩，每天都端坐在上面静思，希望能悟透圣人之道。这种坚持不懈的思考，终于有了收获。一天晚上，王守仁从梦中惊醒，他一跃而起，禁不住欢呼雀跃，相信自己已经彻底领悟了格物致知的真谛——原来圣人之道本来就在自己的心中，凡是向外求理于事物的做法都是错误的。王守仁进一步参悟，朱熹的理论体系太过支离，纵然累积了一堆外物的知识、道理，但物理与内心仍然不能合二为一。王守仁主张"心外无理，心外无物，心外无事"，天地万物都依赖于人的心灵而存在，所以格物致知的功夫也只能在心上面做。王守仁在格物致知上的做法是要求学者知行合一，以消除障蔽良知的私欲，"减得一分人欲，便是复得一分天理"。

贵州修文阳明洞"知行合一"题字

王守仁的观点与先秦孟子思想有一定的呼应。孟子曾经说过："人之所不学而能者，其良能也；所不虑而知者，其良知也。"王守仁相信，每个人的心中，先天就具有良知。这种良知自然知道是非善恶，只要人依从自己的良知而行，为善去恶，就能最终达到圣人的境界。普通人无法做到，是因为他们的私欲蒙蔽了自己的良知，所以不能严格遵循良知去行事。而良知虽然会被蒙蔽，却永远不会失去，即使大奸大恶之人在做坏事时，内心也会有个声音告诉他这样是不对的，这就是良知在起作用。

《龙江留别诗卷》（局部）明 王守仁书

【文献】

　　性无不善，故知无不良。良知即是未发之中，即是廓然大公、寂然不动之本体，人人之所同具者也。但不能不昏蔽于物欲，故须学以去其昏蔽，然于良知之本体，初不能有加损于毫末也。

——王守仁《答陆原静书》

天泉证道与阳明学的贡献

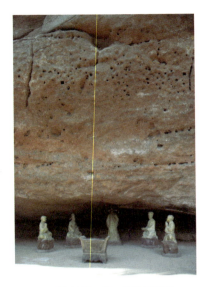

江西赣州通天岩王阳明讲学处

　　王守仁与陆九渊的学说，都求取于心，存在一定程度的相似性　虽然陆、王之间其实并没有明显的继承关系，但后世往往把他们的理论合称为"陆王心学"。阳明心学诞生以后，迅速传播开来，影响巨大，波及到明代的文坛、政坛、艺术、经济等各个层面。因此，它绝不仅仅是在儒学史上增添了一种新的学说。王守仁四处讲学，弟子有千余人，其中在朝的高官也不少，无论是从学术上还是政治上，都对程朱理学造成了巨大冲击。

　　王守仁的两位高足钱德洪、王畿，在学习阳明心学的过程中，对老师的为学宗旨产生了理解上的分歧。王畿认为心的本体既然是无善无恶的，那么心所产生的良知也应该是无善无恶的；钱德洪则认为心体最开始虽然是无善无恶的，但因为后天的习染，心体上有善也有恶，格物致知正是要消除后天的恶，以恢复心体的本来面目。双方各持己见，只能找老师评断。王守仁回答说，他的心学体系原本就有上、下两路。向上一路，就是王畿的观点，能够顿悟心体本无善恶，物我内外一时尽透，但这需要非常有智慧的人才能做到，不能作为普遍的教法；向下一路，就是钱德洪的观点，只要不断为善去恶，就能够逐渐提高自己的境界，最终达到圣人的程度，一般人都可以按照这个方法修行。因为这场讨论的地点在天泉桥上，所以这次论辩就被后世称为"天泉证道"。可惜的是，王守仁去世后，钱德洪和王畿依然各持己见，阳明心学不可避免地走向派系分裂。

王守仁的教法简易直接，重视实践功夫，强调"知行合一"，把儒生从烦琐的程朱学说中解脱出来，一定程度上清除了明代中期学界名实不符的现象。特别值得一提的是，王守仁本人还是一位杰出的军事家，他晚年多次率兵平定叛乱，维护稳定、安抚流民。纵观中国历史，像王守仁这样学问、武功兼具，真正实践知行合一的儒学家，实在凤毛麟角。

浙江宁波王阳明牌坊

千年大变局

清儒的努力

清朝儒学的成就

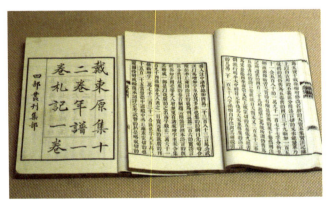

安徽徽州文化博物馆藏戴震著《戴东原集》

　　明朝灭亡后，士大夫阶层总结经验教训，认为阳明后学末流空疏不学，导致学术风气变坏，世道人心不古，是造成明朝灭亡的罪魁祸首。清朝建立之后，大兴文字狱，致使学术环境进一步恶化，清朝的知识分子开始埋首典籍，从事与政治无关的纯学术研究。因此，清朝的儒学基本是以复兴汉学为主的。清儒们整理汉朝人的旧注旧疏，辑佚汉代散失的各种注解书籍，进一步考索汉代人解释不够完美的古音训诂、器物形制，等等。清儒在典籍整理和考据上的功力，超越了此前的所有朝代，取得了丰硕的成果，但这些成果只有学术上的价值，却不能对普通民众的生活产生实际的影响。因此，清朝的儒学，是一种与现实生活相脱节的学问，虽然成果丰硕，却很难从中诞生出具有创新价值的思想。

师夷长技以制夷

广州近代史博物馆藏魏源著《海国图志》

千百年来，中国以儒学为指导思想，催生出灿烂的中华文明，并长期在世界上占据遥遥领先的地位。中国人已经习惯了将儒学思想视为经天纬地的不变之道，并一贯视自己国土之外的国家为不开化的蛮夷。鸦片战争的失败，使清政府不得不开始正视自己的敌人。特别是许多开明的知识分子，像林则徐、魏源等人，率先把国外的先进思想通过翻译的形式，介绍到中国。与儒家文化完全不同的欧美文化，开始在中国这片土地上发芽生长。

魏源提出"师夷长技以制夷"的口号，主张学习西方先进的科学技术，用以抵御西方列强的侵略。但魏源对西方的学习，主要侧重于军事层面，而非文化思想。魏源的这种观点，在相当长的一段时期，都是晚清朝臣的主流观点。江苏巡抚李鸿章在写给总理衙门的函件中称："中国文武制度，事事远出西人之上，独火器万不能及。……中国欲自强，则莫如学习外国利器，欲学习外国利器，则莫如觅制器之器，师其法，而不必尽用其人。"就是在这样一批朝廷重臣的倡导下，中国开始了轰轰烈烈的洋务运动。各省纷纷成立银行，兴办实业，开垦矿山，建造兵工厂，斥巨资购买军舰，努力训练自己的水军，试图重振国威，一洗前耻。

中学为体，西学为用

康有为像

1894年的甲午海战，北洋军舰全军覆没，给清政府以致命的打击。在这种背景下，有识之士又希望能够学习日本，通过维新变法来救国图强。康有为、梁启超所主导的"戊戌变法"，倡议主动学习西方列强，改革政治、教育制度，发展农工商，逐步将清朝转变为一个君主立宪的国家。可惜，"戊戌变法"触动了以慈禧太后为首的守旧派的利益，前后仅坚持了一百零三天就宣告失败，数位变法领袖被处死，光绪皇帝也被囚禁。面对这一严酷的现实，以张之洞为首的一批官员又提出了"中学为体，西学为用"的主张。所谓"中学"，就是指中国固有的、以孔孟之道为核心的儒家学说；所谓"西学"，则是指西方国家在教育、赋税、武备、律例等方面较为完备和成熟的制度。张之洞这种做法，本质上不过是为了避免社会矛盾的激化，在维新派和保守派之间寻找平衡而已。这样的调和，并没有改变儒家思想的统治地位，要想从中诞生出西学之用，无异于缘木求鱼。

> **【文献】**
>
> 中国惟以君权治天下而已，若雷厉风行，三月而规模成，三年而成效著。泰西三百年而强，日本三十年而强；若皇上翻然而全变，吾中国地大人众，三年可成。
>
> ——康有为《答人论议院书》

新文化运动

新文化运动的缘起

"中学为体，西学为用"当然也没有挽救中国于危难之中。当时的清朝统治者也意识到，学习西方的语言文字、器械制造，不过是学西方的皮毛，而非源头。一场更深层次的思想革命势在必行。光绪三十二年（1906 年），清政府正式废除了科举制度，不再通过儒家的四书五经选拔人才，中国历史上延续了一千三百年的官僚选拔制度正式终止。上海《时报》称，这一做法"革千年沉痼之积弊，新四海臣民之视听"。然而，此时的清政府早已病入膏肓，任何努力都不能改变它灭亡的命运。1911年的辛亥革命迫使清政府倒台，终结了延续 2000 多年的专制帝制。

1912 年 1 月 1 日，民主共和政府成立，但革命成果很快就被北洋军阀领袖袁世凯窃取。袁世凯为了巩固自己的统治，开始推行尊孔复古的各种政令，为自己复辟帝制做准备。这些做法显然与历史方向背道而驰，在登基称帝几十天后，袁世凯被迫重新取消帝制。袁世凯自导自演的这出闹剧，并没有复兴儒家文化，反而令若干接受了西方现代教育的知识分子，逐渐将儒家思想视为令国力衰退的元凶。他们认为，若不将儒家思想彻底打倒，民主、自由、科学等现代思想就无从萌芽生长。基于这一立场，他们发起了一场反传统、反孔教、反文言的思想文化革新运动。这次运动的领导者主要有陈独秀、胡适、李大钊、鲁迅等人，由于他们都主张革除旧思想、提倡新文化，所以这次运动也被称为"新文化运动'。

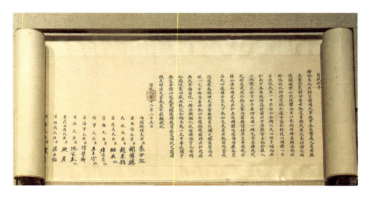

1912 年 2 月 12 日清朝皇帝发布退位诏书（中国国家博物馆复制品）

陈独秀与李大钊

陈独秀认为，自从汉武帝"罢黜百家、独尊儒术"之后，中国人的各种先进思想就遭到了禁锢，流毒蔓延至今仍未解除。李大钊则认为，汉武帝的做法纯粹是为一姓之私利，扼杀了大量智慧、勇敢、思辩力量的萌芽，使中国从此再无学术可言。陈独秀创办《新青年》杂志，声称它的宗旨是"以科学和人权并重"，大力提倡民主与科学，反对儒家主

中国人的思想源泉：儒释道 ●●●

张的"三纲"思想。陈独秀的看法在当时并非一家观点，而颇具有代表性。几乎所有新文化运动的领导者，都认为西方文化与中国儒学不能并存，若要接受先进的西方文化，就必须彻底废弃传统儒学。新文化运动使儒家思想的正统性和权威性几乎荡然无存，曾经被尊为万世师表的孔子，此时变成了愚昧和专制的象征。

包括《新青年》在内的新文化运动时期多种进步期刊

▎新文化运动的影响 ▎

　　新文化运动的影响波及到文字、文学、民俗、艺术等各个层面。白话文和近代新诗盛行，汉字简化方案出台，就连中国人的谈吐和穿着也发生了巨大的变化。与此同时，1917年俄国发生了十月革命，确立了马克思列宁主义的指导思想。李大钊认为马克思主义是中国人所能找到的最先进的救国理论，他的这一观点逐渐被一批思想开放的知识分子所接受。1921年中国共产党诞生，并逐渐成为领导中国革命的核心力量。

　　新文化运动是中国思想史上的一个重要转折点。从此以后，儒家学说不再是官方正统思想，反而长期沦为被批判的对象。但从根本上说，新文化运动所批判的并不是孔子或儒家，而是背后拥护他们的专制体制。比如备受指摘的"三纲"思想，并非孔子的主张，也不见于儒家经书，而是汉儒的自行发挥。但是，汉代以后，孔子一直被历代帝王尊奉为圣贤，孔孟之道也长期占据官学地位，要想根除产生专制统治的思想土壤，从反孔批儒入手也许是当时最有效的方式。对于孔子来说，这似乎是不幸的历史遭际，但由此将学术与政治脱钩，对于恢复儒学的真面目，也未尝不是一件好事。

人民英雄纪念碑上的五四运动浮雕

现代新儒家

儒学的坚守者

近代以来，西方民主科学思潮涌入中国，逐渐占领了中国思想界的制高点。但在新文化运动激烈批判中国儒学传统的同时，仍有一部分学者坚信中国儒学与西方科学并不是对立的，中国不需要也不应该走全盘西化的道路。更进一步而言，民主科学的思想也并非永恒不变的普世价值，它们一样会产生种种弊病，而中国的儒学思想却可以作为根治这些弊病的良药。这一批人被称为"现代新儒家"，其主要代表人物有梁漱溟、熊十力、冯友兰、贺麟、牟宗三、余英时等人。他们的思想虽然不尽相同，但都肯定传统儒学之中仍然包含有巨大的价值，可供深入发掘以解决中国现代化进程中所面临的种种困境。

梁漱溟的思想

坐落于河北师范大学校园内的梁漱溟雕像

1921 年，正当新文化运动如火如荼开展之时，梁漱溟出版了《东西文化及其哲学》一书，书中的观点可以看作他对于传统儒学批判的一种回应。梁漱溟断言："世界未来文化就是中国文化的复兴。"这一斩钉截铁的言论，在儒学几乎遭到全面废弃之时，显得尤为难得。梁漱溟并非对儒学的缺陷毫无认识，他在《中国文化要义》一书中一针见血地指出了儒学的四大弊端：幼稚，老衰，不落实，暧昧而不明爽。但梁漱溟始终对于儒家文化抱有一种尊敬与同情，他认为"两千年来中国对外居于世界各方之间，其文化显著异彩，卓然不群，而就它如此广大社会内部说，其文化竟尔高度统一者，前两千五百年的孔子实开之"。若无孔子，若无儒家，中华文明不可能维持着高度的统一，我们的民族认同性、文化连贯性都无从谈起，中国恐怕早已陷入四分五裂的局面。梁漱溟通过对中国、西方、印度三种文化的对比考察，认为它们走的是不同的道路，每种文化都有其适应的历史阶段和内在价值，彼此之间没有高下优劣之分。梁漱溟认为，西方的文化无法在中国大地上生根发芽，中国人要自救，必须"认取吾民族固有精神"。对于新文化运动，梁漱溟认为这只是西洋化在中国的兴起，而根本不能算中国的文艺复兴；中国的文艺复兴，应当是中国自己人生态度的复兴。

新儒学的宣言

1958年元旦，唐君毅、牟宗三、张君劢、徐复观四位生活在海外的学者，联名发表了《为中国文化敬告世界人士宣言——我们对中国学术研究及中国文化与世界文化前途之共同认识》（以下简称《宣言》）一文，这篇文章也可以视为新儒学的纲领性文件。针对很多人主张"中国文化已死"的论调，《宣言》提出了批驳，认为中国文化虽然在生病，但并未死亡，应当对症下药，促其再生。《宣言》肯定了中国的心性之学，认为它是"中国学术思想之核心，亦是中国思想中之所以有天人合德之说之真正理由所在"。《宣言》认为，今天很多人习惯于用西方的文化来看待中国的文化，往往只能获得一个片面观点，而不能把握心性之学的全貌，不能算真正了解中国文化。反过来说，近代西方文化虽然在突飞猛进，但也明显表现出种种问题，需要学习东方儒学的智慧。

新儒学的学者们所倡导的理念，直到今天仍有借鉴价值。新世纪的中国，如何继续弘扬和发展儒家思想，从而与西方文明理念并行不悖，成为摆在所有中国人面前的一道难题，而其最终的答案，也只能依靠中国人自己去探寻。

　　道家本来像儒家一样，也是先秦的思想学派之一，以老子、庄子为其代表人物。汉朝初期，曾一度用道家的"无为"思想治国，但随着汉武帝时期儒家正统地位的最终确定，道家开始与官方意识形态脱钩，并与民间风俗信仰互相融合，演变为一种兼有哲学与宗教特征的流派。道家思想宗教化的结果，就形成了中国本土规模最大、地位最高、持续时间最长的宗教——道教。道教是一种多神信仰的宗教，它与儒家思想、佛教一起构成了中国传统思想的三大支柱，对于中华文明的成型具有重要意义。

山西芮城永乐宫壁画是中国美术史上的杰作

先秦的道家

老子

老子究竟是谁

湖北荆门郭店楚墓出土竹简《老子》

1993 年 10 月，考古学家在湖北荆门郭店村楚墓中发掘出竹简七百多枚，其中最引人注目的是道家学派的代表著作《老子》。竹简《老子》共存简 71 枚，约成书于公元前 4 世纪中期至前 3 世纪初，这也是今天所能见到的最古老的《老子》手抄本。令人惊讶的是，学者们经过整理释文后发现，竹简《老子》与通行本《老子》相比，无论在形式上还是内容上都存在较大差异，因此对《老子》一书的作者生平和思想主旨，也就有了重新加以研究的必要。

【文献】

　　绝圣弃智，民利百倍；绝仁弃义，民复孝慈；绝巧弃利，盗贼无有。

——通行本《老子》

　　绝智弃辩，民利百倍；绝巧弃利，盗贼亡有；绝伪弃虑，民复孝慈。

——郭店竹简本《老子》

山东嘉祥出土东汉画像石"孔子见老子"

　　老子，是中国历史上一位有神秘色彩的思想家。他的生平事迹不详，早在西汉司马迁创作《史记》时，就已经存在三种说法：一说老子姓李名耳，是周代掌管国家文物典籍的官员，孔子还曾向他请教过礼法制度；一说老子即老莱子，是一位年龄超过一百六十岁的长寿者，约与孔子同时；一说老子即太史儋，是战国初期的一位史官，生活在孔子死后一百多年间。一直到民国，学者们还在对老子的生平进行辩论。郭店竹简的出土，基本排除了老子即太史儋的说法，而比较倾向于民国学者胡适的判断，老子应当是一位与孔子同时而略早的道家学者。

神秘莫测的"道"

尽管老子生平不详，但他却在中国思想史上享有极其崇高的地位 这归因于他所留下的《老子》一书。老子认为，道是世界的本源，先于天地而诞生，它也是自然界和人类社会所必须遵循的最高法则。但道的本质是无法用语言描述清楚的，任何能够说清楚的都不是永恒的道。道的本性是自然无为的，它能够化生万物，但却并不担任万物的主宰，而是任由万物自然生存和发展，也正因为如此，道才能永恒地存在于天地间。天下万物生于有，而有则生于无。显然，在老子的眼中并没有至高无上的上帝，而只有神秘莫测的道。

【文献】

> 道可道，非常道。名可名，非常名。无名天地之始，有名万物之母。故常无欲以观其妙，常有欲以观其徼。此两者同出而异名，同谓之玄，玄之又玄，众妙之门。
>
> ——《老子·一》

老子的辩证思想

老子能够从矛盾的对立面来看待问题，这也就形成了他独特的辩证思想。老子认为，当天下人都知道了怎样算是美丽的时候，也就同对知道了什么才是丑陋。同样，有了善良，也就有了邪恶；有了困难，也就有了简易；有了长就有了短，有了前也就有了后。老子推崇阴柔之美，认为天下最柔弱的莫过于水，它能够容纳于一切容器，本身却没有固定的形态；它能够滋润万物，却并不为自己争夺任何利益。水虽然最为柔弱，但要攻克坚强之物，却没有比水更有效的工具了。洪水肆虐，可以摧毁强大的城池与军队；即使是微弱的水滴，只要假以时日，也可以滴穿坚硬的岩石。所以，老子认为，柔软能够战胜坚硬，软弱能够胜过强大。

《老子》书中还有很多充满智慧的句子，例如，"知人者智，自知者明""祸兮福之所倚，福兮祸之所伏"。这些言简意赅的名言，在中国家喻户晓，它们都从不同角度传达着老子的辩证思想。

老子像 元 赵孟頫绘

【文献】

知人者智，自知者明。胜人者有力，自胜者强。知足者富，强行者有志，不失其所者久，死而不亡者寿。

——《老子·三十三》

上善若水。水善利万物而不争，处众人之所恶，故几于道。

——《老子·八》

老子的治国思想

老子认为，假如国家不重用贤才，百姓就不会去竞智斗巧；不重视难得的宝物，百姓就不会去偷盗；不激发民众的欲望，他们的心灵就不会被扰乱。老子还认为，当政令宽厚的时候，人民就会纯朴而无心机；假如政令严苛，人民就会倾向于投机取巧。圣人的治国之道，应该空虚百姓的心灵，填饱他们的肚子，削弱他们的志向，强健他们的筋骨，让他们既无智慧又无欲望，这样才能天下太平。最好的统治者，要让人民几乎不知道他的存在；次一等的统治者，要让人民乐于亲近并称赞他；再次一等的统治者，只能让人民畏惧他；最差的统治者，人民只会蔑视他，而对他毫不信任。最好的统治者是相当悠闲的，他很少会发号施令，就算事情办成功了，百姓们也会认为，"我们本来就是这样的"。

【文献】

太上，不知有之；其次，亲而誉之；其次，畏之；其次，侮之。信不足焉，有不信焉。悠兮，其贵言。功成事遂，百姓皆谓：「我自然」。

——《老子·十七》

老子授经图 清 任颐绘

庄子

明代《三才图会》中的庄子像

　　庄子是先秦时期与老子齐名的另外一位道家学者，他的生活时代要比老子晚一些，他一般也被视为老子哲学思想的继承者和发展者。由老子、庄子所创立的道家思想，后世称为"老庄哲学"。庄子的思想，主要保存在《庄子》一书中。《庄子》今存三十三篇，六万余字，可分为内篇、外篇、杂篇三部分，当今学者们一般认为内篇是由庄子本人所著，其余部分则是由庄子的门人、后学编成。庄子一生清贫，淡泊名利，仅做过漆园吏之类的小官，之后就一直过着隐居的生活。楚威王听说庄子的名声，派人请他回去做高官，庄子却通过一个寓言故事巧妙地拒绝了楚王，因为他认为做官会妨碍他追求心灵的自由。

庄子的"道"

与老子一样，庄子也认为道是世界的本源，不存在先天地而生的存在物。即使有最源初的物，这个物同样需要有它的来源，凡有形者皆是如此。庄子虽然认为道先于天地而产生，但他同时认为道存在于一切事物之中，它实际上就是万物本身所包含的理。道是无私的，它与物之间没有分界，甚至于蝼蚁、尿溺之中也有它的存在。站在道的立场来看，万物并没有高下、贵贱之分，万物的差别只在物的层面上才有意义。天地虽大，但跟更大的东西比起来，它们也会像米粒一样小；毫毛之末虽小，但跟更小的东西比起来，它也会像山丘一样高大。万物的性质、价值、功用，实际上并不是它们自身所具备的，而是来自于人们心中的主观判断。庄子相信，自然的本性才是最完善的，如果人为地加以改变，便会损害事物的本性。

《濠梁秋水图》的故事出自《庄子·秋水》：庄子与惠子游于濠梁之上。庄子曰："倏鱼出游从容，是鱼之乐也。"惠子曰："子非鱼，安知鱼之乐？"庄子曰："子非我，安知我不

对立统一的逻辑

　　庄子认为，一切事物都是对立而统一的，甚至是非、生死也都是相对而言的。即使在社会生活中，庄子也不认为凭借人的认知能力，可以把握真正的是非曲直。庄子举例说："假如我和你辩论，你辩赢了，那么你就真的对了吗？或者，我辩赢了你，那么你就真的错了吗？"庄子认为，辩论虽然有胜负，但是非结果却是不确定的。不但人与人之间如此，政治制度也同样没有一成不变的是非标准。君主们获取政权的方式各不相同，即便是同一种方式，当它能够适应时机、合乎人情时便是正义，而错过时机、违背人心时便成了篡逆。古今不同，地域有别，将古代的制度照搬到今天的社会是行不通的，政治制度必须随着时代的变化而相应变化。

濠梁秋水图 宋 李唐绘

知鱼之乐？"惠子曰："我非子，固不知子矣；子固非鱼也，子之不知鱼之乐，全矣。"庄子曰："请循其本。子曰汝安知鱼乐云者，既已知吾知之而问我，我知之濠上也。"

无为而治的思想

　　庄子主张无为而治，让民众返璞归真，而将提倡仁义和法治看作是加在人身上的刑罚。他认为，人之所以为世界所束缚，无法把握终极的真相，是因为过于重视人为，而不能顺应天道。但人的作为是极其有限的，也是违背自然法则的。天可以决定人，人却不能战胜天，而只能顺应天道的变化。人只有不执着于个体的自我，不留恋于世俗功业，彻底抛弃名位之想，才能够超脱一切世间的对立关系，顺应自然，与道合二为一。庄子呼吁人们忘掉身体，抛弃聪明，以专注于虚空静寂的方式，摆脱哀乐情绪的困扰。真正具有大智慧的人，他能够博通古今，明白天道的得失存亡，所以得而不喜，失而不忧；他能够明白天道往复循环，所以活着的时候不感觉喜悦，死期到来时也不会有所遗憾。

北京颐和园内的知鱼桥，其名出自《庄子·秋水》中的典故"子非鱼"。

庄子还为后世留下了一个"梦蝶"的哲学命题。有一天，庄子梦见自己变成了一只翩翩起舞的蝴蝶，感到非常惬意，完全不知道自己原本是庄子。突然间梦醒了，蝴蝶消失无踪，庄子则陷入了沉思：到底是之前的庄周在梦中变成了蝴蝶，还是现在的庄周正处在蝴蝶的梦中？庄子把这种人物交融的境界称之为"物化"，到达到这一境界之后，人与物的差别就会消失。如果能够抛弃一切人物分别，真正做到无所凭借，忘却自我，就能摆脱现实的影响和制约，享受真正的逍遥自由。庄子描述的这种逍遥神人，他们可以不吃五谷，靠吸风饮露为生，还能乘着云气，驾驭飞龙，周游于四海之外。庄子认为这种境界是顺从天道而行后所能达到的境界，这也为后世道教的成仙理论提供了依据。

庄周梦蝶图 传元刘贯道绘

列子

　　《庄子》一书中，曾经提到一位叫列子的人，说他可以乘风飞行，已经修行到了很高的境界。庄子笔下的列子，确有其人，他是战国时期道家学派的一位大学者，本名列御寇，隐居于郑国四十多年，不求名利，潜心学术，极少有人知道他的才学。列子一生贫寒，经常连饭都吃不饱，但却拒绝官员的馈赠，维持着高洁的人品。庄子关于列子乘风飞行的描述，或许只是一个美好的传说，但中国古人却大多信以为真，这也让列子身上多了一层神秘色彩。列子的思想主要保存在《列子》一书中，由列子的门人、弟子汇编而成，后世有所残佚，今天仅留下八篇文章，内容多为民间故事、寓言和神话传说。

《列子》清刻本

无为

列子认为世界的形成是一个从无到有的过程。最源初的状态，他称之为道，这与老子的概念一脉相承，但列子对于世界形成过程的描述更加完善，已经具备了自己的理论特色。列子说，万物虽然禀气而生，但各有功用，也各有缺陷，不能出其所位。然而在这一切有形、有用的事物背后，还有另外一种力量。这种力量能让万物成形，但它自己却没有形状；这种力量能让乐器发声，但它自己却没有声音；这种力量能让物体有颜色、有味道，但它自己却无色、无味。它没有知觉，没有能力，却又无所不知，无所不能，列子把这种力量称为"无为"。

生死

列子认为凡有形体、生命者，都必将趋向于死亡，人们却希望它们能永恒地存在下去，这是一种不明道理的迷惑。在列子看来，生死并不值得忧愁，因为万物其实既没有生，也没有死，而是一直在相互演化中。生存与死亡不过是一去一回，在这里死去，怎么知道它不会在另一个地方重新出生呢？有生死的事物，最终会回到没有生死的状态，有形状的事物则回归到没有形状的状态，这就是道的运行轨迹和不变法则。

伯牙鼓琴图 元 王振鹏绘

《伯牙鼓琴图》的故事出自《列子·汤问》，表现了琴师伯牙与樵夫钟子期之间的友情。

列子特别提倡虚无，他认为在虚无的人眼中，世上没有什么特别珍贵的东西。保持清净和虚无，人才能够领悟事情的真谛，安守自己的本性；如果贪求取与，精神就会失去安顿，从而滋生各种问题。列子将一切外界的影响都当作悟道的干扰，一切心中的念头都视为私心杂念，要求彻底消除自我意识，维持心灵清澈空明，体察道的精微之处。这实际上是一种类似于冥想的状态，它消除了人与外物之间的隔阂，让人的精神与至虚无为的本体结合到一起，从而获得超越时空的生命体验。

【文献】

非其名也，莫如静，莫如虚。静也虚也，得其居矣；取也与也，失其所矣。事之破毁而后有舞仁义者，弗能复也。

——《列子·天瑞第一》

宗教的形成

方术观念的发展

| 迷信思想的变迁 |

在古代社会，人们对于种种自然现象都无法解释，迷信就具备了滋生的土壤。从远古时代起，祭祀各种神灵就已经演变为固定的礼法制度。

19世纪末，中国河南安阳小屯村出土大量甲骨，上面刻有商代后期王室用于占卜记事的文字。从甲骨文内容可以看出，利用甲骨占卜在商代是日常工作，几乎达到了无日不占、无事不卜的地步。除了利用甲骨占卜，还有占星、择日、筮占、占梦等五花八门的占卜方式。当时的朝廷甚至设立了专门的官员来负责掌握相应的巫术技巧，用以辅佐国政。

这块牛骨上的卜辞记载了庚戌日出现虹的事件并贞问灾祸

　　先秦道家的代表人物老子、庄子和列子虽然都是哲学家，但他们思想中却有着不同程度的神秘元素。道家学派相信那些顺应天道而行的至人可以与天地合一，拥有各种匪夷所思的力量，不仅水、火等外物不能侵袭，还可以在时空中逍遥邀游，并且认为这种境界普通人通过修行就能够实现。道家实际上指出了一条由人成神的途径，对于后世方术的形成具有指导价值。到战国时，燕国、齐国等沿海小国就出现了一大批演说神仙灵异的方士。方士们声称，神仙法力无边，长生不死，就居住在大海中的蓬莱、方丈、瀛洲三座神山上面。方士的种种诡奇描述使掌权者们怦然心动，不断派人寻找神山。约成书于战国时期的《山海经》一书中就记载了大量出产不死树、不死药的地点，还有许多长寿国、不死国的传说，追求长生不死成为当时人们的普遍向往。秦始皇统一天下后，耗费巨资，屡次派人沿海东巡，却都一无所获。

《山海经·大荒南经》："有不死之国，阿姓，甘木是食。"

方术与炼丹

　　方士们的各种技法称为方术，包括方技和术数两大类别。术数就是前文所叙述的各类占卜之术，而方技则可分为四类：医经、医方、房中、神仙。医经、医方主要属于医学范畴，其中也包括各种奇特的养生药方；神仙是各种成仙的方法；房中则是另一种延年益寿的方式，主要通过男女之间的性行为来实现，考古出土的西汉马王堆帛书中就包含有这一派别的内容。不过，无论方士们宣扬的成仙术有多么不同，但主要特点却并无差别，即依靠外在的手段来寻求长生不死，最终目标都是成为逍遥自在的神仙。

在这些形式中，炼制仙丹是所有成仙途径中最被广泛信受的一种，它又大致可分为外丹派和内丹派两家。所谓外丹，就是通过服食神仙赐给的不死之药或自行炼制的仙丹妙药，达到长生不死的目的；所谓内丹，就是将人的身体视为鼎炉，通过呼吸、意念等各种修行方式，让人的精、气、神在体内凝结，最终形成仙丹。这种体内的仙丹可以理解为一种能量体，没有具体的形态。早期的方士以外丹派居多，后期则以内丹派为主。

马王堆出土的西汉帛画《导引图》

汉代方术的民间扩展

早期方士面向的主要对象是高层统治者，无论是驾船出海寻访仙山，还是登临泰山祭天封禅，这些都不是普通民众能负担得起的。即使炼制仙药，也往往需要昂贵稀有的药材，远远超出一般家庭的消费水平。因此，这些方术不太容易在底层民众中扩大影响，也形成不了较大规模的宗教。汉武帝"罢黜百家，独尊儒术"之后，方士开始与儒生合流，制作各种神秘的图谶、纬书，宣扬符命灾异、祈福禳灾等思想，在民间吸引了不少信奉者。很多百姓坚信，已经去世的大臣或隐士其实并没有真的死去，而是舍弃了肉身，变成了神仙，其中就包括道家的创始人——老子。从哲学的层面上说，宗教的本质是人类对不明现象或个体生命的扭曲认识，它会由此出发，最终发展出系统的、固定的崇拜对象和仪式。当迷信之风盛行天下，神仙的存在、成仙的可能都成为汉朝人普遍认可的观念，道教的形成也就具备了充足的条件。

琴高乘鲤图 明 李在绘

道教的体系

民间巫术小团体

东汉末年，政治昏暗，社会动荡不安。面对现实生活中的各种痛苦灾难，能够超脱生死、飞升成仙，成为许多贫寒百姓的幻想。不仅如此，一些由民间巫术发展起来的小团体以长生求仙作为根本目标，衍生出一系列对于现实生活有所助益的措施。这些小团体的领袖，往往宣称自己

中国人的思想源泉：儒释道 ●●●

具有某些神力，可以用符水治病，还可以通过召唤神灵来驱除降灾的妖魅。而在团体内部，教众之间则互帮互助，对于遭遇困难的穷苦百姓施以救济，解决他们的燃眉之急。因此，这些小团体往往能迅速赢得民众的支持，规模一再扩大。张角的太平道和张修的五斗米道，就是这一时期影响最大的两个团体。

辽宁东汉墓壁画中祝寿升仙图

太平道与《太平经》

东汉末年，张角得到了一本叙述治病养生、通神占验、谶纬符瑞、长寿成仙的道书——《太平经》。张角对外宣称《太平经》是仙人所授，只要按照这本书修炼，就能具有强大的神通，呼风唤雨、死而复生。张角自称"大贤良师"，手持九节杖，依据《太平经》记载的方法，以符水、咒语给下层百姓治病，居然颇为灵验。由于当时灾疫横行，社会动荡，张角就以此为掩护，在家乡创立了"太平道"，并派出八名弟子分赴各地传教。"太平道"反对剥削敛财，主张平等互爱，深得穷苦大众的拥护，信徒很快就达到十万余众，遍布全国大部分地区，形成了颇为可观的势力。但张角的野心是夺取天下，他自称"天公将军"，起兵造反，教众全部头戴黄巾，称为"黄巾军"。黄巾军的主力虽然不到一年就被朝廷消灭，但他的残余势力却一直坚持了二十多年才最终被平定。太平道是民间巫术与暴力革命相结合的产物，虽然它并不是一种纯粹的宗教，但对于道教的最后定型有推波助澜的作用。

绘本通俗三国志·皇甫嵩长社纵火破黄巾 1830 日本 葛饰戴斗绘

五斗米道与《老子想尔注》

五斗米道，因为要求入教的信徒必须先提供五斗米作为入门之资，故而得名。据学者考证，最早开创五斗米道的人是张修，但实际的改革者和发展者却是张鲁。张鲁尊奉自己的祖父张道陵为本教创始人，为五斗米教制定了相对完备的宗教仪式：它要求教众们必须诚实而不欺诈，有犯错者需要主动忏悔自己的过错，并通过修路等方式来消除罪过。除此之外，张鲁还要求教众学习《老子》，并用神学思想对《老子》进行注解，使之符合五斗米道的宗旨，并形成五斗米道的经典——《老子想尔注》。《老子想尔注》主张，只要人人努力修行，都可以成神成仙，并制定了十条戒规，要求教众遵道畏天，认真受持。五斗米道与太平道不同，并没有强烈的反朝廷思想，不仅如此，张鲁最后还归降朝廷，借助宗教的力量对当权者歌功颂德。五斗米道因此获得了朝廷的认可，成为当时的道教正宗。

苏州桃花坞木版年画道教创始人张道陵

【文献】

　　人但当保身，不当爱身，何谓也？奉道诫，积善成功，积精成神，神成仙寿，以此为身宝矣。贪荣宠，劳精思以求财，美食以恣身，此为爱身者也，不合于道也。

——《老子想尔注》

江西鹰潭龙虎山嗣汉天师府

　　由于受到朝廷扶持，许多豪门士族也纷纷加入五斗米道，五斗米道就势改名为"天师道"，教派领袖被尊称为天师。南北朝时，北朝寇谦之和南朝陆修静又分别对天师道进行改造整顿，使其仪轨更加完善，组织更为合理，最终定型为一种教会式的宗教。唐宋时期，天师道发展很快，逐渐融合了不少其他道教派系。元朝时，张道陵三十八代后裔张与才受封为"正一教主"，天师道因此又被称为"正一道"。明太祖朱元璋敕封张道陵第四十二代后裔张正常为"真人"，并下诏让正一天师世代掌管全国道教，其宗教地位就此达到巅峰。正一道自五斗米道创立算起，代代相传，迄今已历经一千八百多年，是道教最悠久、最正统的宗派。

葛洪的思想

道教队伍水准的提升

《抱朴子》宋刊本

　　早期道教领袖在理论层面往往拾取老子、庄子的部分言论加以扭曲发挥，作为修炼成仙的依据，因此不能充实并提升道教的理论层次。这些方士、巫师本身的思想水准不高，能吸引到的教众也大多是下层百姓，没有能力从事高深的理论研究。随着道教的深入传播，越来越多的贵族及士人也开始迷恋神仙之道。尤其在魏晋南北朝长达四百多年的乱世中，怀才不遇的士族阶层往往喜欢谈玄论道，将宗教作为心灵的避难所。这批新鲜血液的加入，增加了道教思想的深度和厚度，越来越多的理论著作开始出现，葛洪的《抱朴子》就是其中的佼佼者。

《抱朴子》的主旨

葛洪是东晋人，出身于江南士族，遍读儒家经典，同时又迷恋道教方术。他写成《抱朴子》一书，杂有儒、道两家的思想，还涉及一些文学评论，体系十分驳杂。《抱朴子》分为内篇和外篇两部分，关于道教的理论思想，主要保存在内篇中。葛洪认为，"玄"是宇宙的本体，也是万物的最终源头。玄是高深莫测的，它超越了时间、空间的限制，人类无法看到它，也无法触摸到它，但它却无处不在、无所不能。葛洪笔下的玄，与老子、庄子笔下的道，名异而实同，葛洪也经常玄、道并称。葛洪主张，要想长生不死，就只有修炼玄道，一旦炼成，就可以乘流光、策飞影，翱翔于天地间，逍遥自在，永恒不灭。世俗的各种荣华富贵、功名利禄，转眼即逝，不能长久，只会损害人的寿命，是修道之人的最大障碍。

葛稚川移居图 元 王蒙绘

上为全图，下为特写图，描绘了葛洪隐居于罗浮山的场景。

由于葛洪还吸收了大量儒家思想，因此他还把道教的养生思想与帝制时代的纲常伦理结合起来。葛洪认为，要想长生不死，除了内养外修，还需要行善积德，以忠孝、和顺、仁信为本，不修德行而只炼方术是不能成功的。所以，修道之人必须遵纪守法，具备良好的品德。葛洪的这一主张，将道教纳入社会纲常伦理的约束之下，缓和了道教与世俗政权之间的对立情绪，早期政教合一的传教模式开始退出历史舞台。道教逐渐演变为纯粹的宗教，不仅不再对帝王的统治构成威胁，甚至还能起到维护统治的作用。因此，后世的皇帝往往对道教加以扶持，赐给道教领袖高官厚禄，并斥资兴建各种道观，鼓励其传播扩张。

葛仙吐火图 明 郭诩绘

【文献】

欲求仙者，要当以忠孝和顺仁信为本。若德行不修，而但务方术，皆不得长生也。

——《抱朴子·对俗》

葛洪对道教的贡献

　　葛洪的道教思想与先秦的道家学说有明显的差别。站在"贵生恶死'的立场，道教不再以"顺应天道、无为而治"作为人生态度，而希望能够突破个体生命的局限，以获得永恒的存在。葛洪还提出了"我命在我不在天，还丹成金亿万年"的观点，认为人只要依从道教的修炼方法，完全可以自行掌握自己的命运，不再受天道的束缚。葛洪系统总结了晋代之前的各种成仙理论，又进一步加以阐释与扩充，形成了自己独特的思想体系，从而适应了时代的需求，对于道教的理论建设做出了重要贡献。

浙江杭州葛岭抱朴道院是供奉葛洪的道观

道教的影响

道教的思想精髓

四川成都青羊宫内的"道法自然"影壁

　　道家与道教是两个完全不同的概念。道家是先秦时期的一种哲学思潮，道教则是东汉时期形成的一种起源于民间的宗教，二者不可同日而语。

　　中国的道教派别很多，其授受源流、修炼方式不尽相同，但他们最核心的贵生原则却是共通的。因为看重生命，所以坚持养生，以保护并延长自己的生命；同样因为看重生命，所以竭力救世，以关爱并救助他人的生命。道教认为天地万物皆为元气所化，无论是身为万物之灵的人类，还是山河大地、禽兽虫鱼，都是大道的具体显现，本质上并没有什么区别。人与自然相互依存，世上不存在孤立存在着的事物。道教主张用平等的眼光看待万物，反对一味掠夺自然资源，更反对为了个人利益而伤害其他生物的生存权利。

劝导行善的智慧

从贵生的角度出发，道教劝人积德行善，并认为这种个人选择会直接影响到生命的质量与长度。更进一步，道教认为天灾也与人的行为直接相关，强调人们应该从自己的身上寻找原因。"欲修仙道，先修人道。"一个最终能够修炼成仙的人，必须首先在现实中是一个道德高尚的人。道教所认可的善行，大多都符合当时的社会公共伦理价值观，因而对于维护社会稳定大有助益。道教反对嗜欲贪求，强调知足常乐，主张无论环境如何，修行之人都应当甘之如饴，安分守道。为了做到这一点，学道者必须主动净化自己的心灵，提升自己的智慧，才有可能抵挡住外在的种种诱惑，真正实现生命的超越。

四川峨眉山陈抟雕像。陈抟是北宋有名的道士，传说他以 118 岁高寿仙逝，被后世尊称为"陈抟老祖"。

多神信仰的神仙体系

　　道教是一个多神信仰的宗教，它的神仙谱系非常庞杂，认可的神仙不计其数。道教的主神是三清尊神——住在玉清境的元始天尊、住在上清境的灵宝天尊与住在太清境的道德天尊，其中道德天尊即为老子。而流行在中国民间、与道教信仰有关的各种神仙则不计其数，任何一位修炼有成的道士，都可能被后世追认为神仙，这也导致道教所信仰的神仙数量仍在日益增加中，从掌管财富的财神赵公明、掌管人间功名利禄的文昌帝君到掌管饮食的灶王爷，道教的神仙几乎遍布于百姓的一切日常生活中，不仅为上层统治者提供了一种长生不死的幻想，也为下层百姓提供了充足的精神寄托与心灵慰藉。许多道教活动相沿成习，进而转化为民间风俗，一直延续至今。

山西晋中平遥古城清虚观三清殿中供奉的三清尊神

道教对文化的影响

　　道教的成仙法门或许荒诞不经，但在道教理论中所隐含的种种哲学思想，对中国人世界观、人生观的形成却具有重要意义。同时，道教在长期的形成和发展过程中，对中国古代思想文化和社会生活的众多方面都产生了深远影响，已成为了解中国传统文化不可或缺的组成部分。鲁迅称"中国文化的根柢全在道教"，言不为过。

▎道教对文学的影响

　　道教的神仙思想是文学创作的重要题材。魏晋时期的志怪小说，如《搜神记》《神仙传》等，记载了很多道教故事，而当时颇为盛行的游仙诗，也是一种以歌咏神仙、羡慕长生为主题的诗篇。唐诗、宋词、元曲中，均有大量与道教内容相关的作品，甚至后来还诞生了专门描述神仙度人、得道飞升的"神仙道化剧"，"元曲四大家"之一的马致远就以擅长这类题材而闻名。明清小说中，如《封神演义》《东游记》《韩湘子全传》《水

> 【文献】
>
> 神仙排云出，但见金银台。
>
> 陵阳挹丹溜，容成挥玉杯。
>
> 姮娥扬妙音，洪崖领其颐。
>
> 升降随长烟，飘飘戏九垓。
>
> 奇龄迈五龙，千岁方婴孩。
>
> ——郭璞《游仙诗》

浒传》《西游记》等，都深受道教思想影响。道教的八仙传说在民间广为流传，成为民俗文学的重要内容之一，诸如"八仙过海""八仙庆寿"等道教题材的民间故事，在中国家喻户晓。

八仙过海 当代 任率英绘

道教对艺术的影响

中国现存的许多古画珍品都是道教题材的，而历史上许多绘画名家也都是道士。以举世闻名的山西芮城永乐宫壁画为例，绘画面积共计1000多平方米，其题材全为道教宣传画，人物众多，形象逼真，近三百个人物形象无一雷同，是中国美术史上的杰作。而存世的道教石刻、塑像、建筑，大多造型高超，规格严整，比如著名的泉州北郊清源山老君像巨形石刻、太原龙山石窟神仙塑像、晋城玉皇庙二十八宿像等，都是不可多得的艺术精品，而武当山宫观建筑群则入选了世界文化遗产名录。

山西晋城玉皇庙二十八宿塑像特写

道教对古代科技的影响

　　道教持续近千年的炼丹活动注重原料配比、冶炼火候及合成结果，某种意义上可以视为近代实验化学的先导。炼制外丹，本质上是各种矿物之间的氧化还原反应，道士们因而对于一些矿物的化学性质有了深入的了解。中国古代四大发明之一的黑火药，就率先在他们的炼丹炉中被发明出来。

　　道教注重养生，所以也十分看重能够祛除疾病的医术，历史上许多道士同时也是伟大的医学家、药剂师。葛洪的《肘后备急方》、孙思邈的《千金方》、陶弘景的《本草集注》等，今天仍是中医学的必读教材，书中记载的大量药方也依然具有实际疗效。其中《肘后备急方》中记载的"青蒿一握，以水二升渍，绞取汁"，就对抗疟特效药——青蒿素的发现具有启发作用。五代道士燕真人还绘制出了世界医学史上最早的人体解剖图。

此外，北魏道士李兰发明了秤漏，通过称量受水壶中水的重量来计时，日误差不大于一分钟。元代道士赵友钦，在他所著的《革象新书》中，率先以科学实验的方法，解释了物理学上"小孔成像"的原理。元代道士朱思本以"计里画方"的绘图方法绘出了《舆地图》，成为后代绘制全国地图的主要蓝本……诸如此类，不胜枚举。

元代朱思本撰写、明代罗洪先和胡松增补的《广舆图》

道教与太极拳

全真教与张三丰

太极拳是一种广为人知的中国拳术，它与道教的关系密不可分。太极拳的创立者据说是全真教的道士张三丰，他也被认为是道教武当派的开山祖师。中国武术界有"外家少林，内家武当"的说法，将武当山与少林寺并称为中国功夫的两大发祥地。

全真教创教较晚，在宋金之际由王喆创立。王喆号重阳子，所以世人也多称呼他为王重阳。全真教要求道士必须消除情欲，使心灵清静，返朴归真，证道成仙，所以全真教戒律严明，不得婚娶。王重阳的弟子丘处机在元代时受到成吉思汗的赏识，从而使全真教拥有了官方正统地位。张三丰是全真教的弟子，相传他长生有术，一直活到了212岁。张三丰名气极盛，明朝好几位皇帝都对他进行了册封，但真正让他在中国家喻户晓的原因，却并不是他的修道方法，而是他所创立的太极拳。

雪山应聘图（局部）元 佚名绘

画作描绘了1220年全真教道长丘处机远涉中亚大雪山（今阿富汗兴都库什山）会见成吉思汗的事件。

太极拳的理论阐释

太极一词，最早来源于《周易》，描述宇宙万物演化之初、天地初分阴阳二气时的原始状态。宋明理学与道教都非常重视太极这个概念，用它来阐释自己的世界形成理论。太极拳以太极为名，认为世间万物，包括人在内，莫不有一太极。太极分阴阳二气，阴主静，阳主动。人有动有静，静极必动，动极必静，动静相因，于是体内阴阳二气才可循环往复。太极拳的招式，效法阴阳二气的运行规律，动静循环，上下相随，内外相合，相连不断。

太极拳虽然是一种武术，但其主旨却不在于伤人，而在于以此为入道之基础。修习太极拳，首先要养心定性，聚气敛神。如果心绪烦躁，气不能聚，神必乱之，虽然练习同样的招式，依然毫无作用。太极拳的招式要求轻灵贯通，其根本在脚，发于腿，主宰于腰，最后形于手指。从脚到腿、到腰、到手，总需要完整一气，无论前进后退，都需要时机恰当，避免身体散乱。从某种意义上讲，与其把太极拳作为一种武术套路，还不如把它看成一种修身养性的方法。

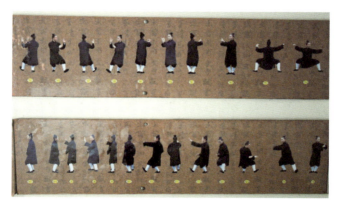

湖北十堰武当山榔梅祠里的《太极拳图谱》

太极拳中的道家哲学

太极拳中蕴含着丰富的道家哲学。太极拳的招式讲究有上即有下，有前即有后，有左即有右，将展未展，劲断而意念不断，当想要向上用力时，就同时想好向下用力的方式，就像要将一个物体按下去就要先把它掀起来，这与《老子》"将欲弱之，必故强之；将欲废之，必故兴之"的思想如出一辙。太极拳的效用讲究四两拨千斤、以柔克刚，在与对方交手之时，用自己的手掌黏住对方不放，顺着对方用力的方向引导，让对方无从摆脱，力量也无法施展出来，这与《老子》"强大处下，柔弱处上""弱之胜强，柔之胜刚"的主张若合符节。太极拳的拳意讲究后发先至，从不主动发动攻击，而是待敌人攻击之时，先以气劲化之，待其不稳，从而击之则发力，这与《老子》"不敢为天下先""圣人后其身而身先"的思想相吻合。太极拳的精神讲究崇下尚退、舍己从人，出手时不求快而求慢，毫无急功近利之心，这与《老子》"善用人者，为之下""夫唯不争，故天下莫能与之争"的思想相一致。有人甚至说，太极拳就是一部活的《老子》。

太极拳既可以强身健体，又可以防身自卫，还可以陶冶情操，是独具东方特色的养生术。作为中国传统拳法之一，太极拳已被确认为国家级非物质文化遗产，在当代社会依然颇为盛行。

北京颐和园里打太极拳的市民

　　佛教是世界三大宗教之一，距今三千多年前由迦毗罗卫国（今尼泊尔境内）王子乔达摩·悉达多所创，汉代时传入中国。佛教因教义、戒律不同，又可分为小乘、大乘两种，中国盛行的主要是大乘佛教。大乘佛教在中国历史上曾经产生过许多派别，但最有影响力的共有八家，分别是三论宗、天台宗、华严宗、唯识宗、律宗、密宗、禅宗和净土宗。这八家宗派虽然同样属于大乘佛教，但信持的佛经、修行的法门、演说的教义各有差别，不可一概而论。八宗之中，禅宗与净土宗两家在中国影响力尤大，因而并称为汉传佛教两大宗派。

　　佛教虽然是一种外来宗教，但很快在中国生根发芽，并逐渐影响到中国的政治、经济、诗歌、绘画、雕塑、建筑等各个领域。几千年来，佛教一直是中国人普遍的宗教信仰之一，也早已成为中华文化不可或缺的组成部分。

甘肃敦煌莫高窟第45窟中唐代佛教雕塑的杰出作品

佛光东渐

帝王弘扬佛法正义

| 汉明帝与白马寺 |

东汉永平七年（公元 64 年）的一个晚上，汉明帝忽然做了一个奇特的梦。他梦见一位神人，遍身金色，身后放射出太阳的光芒，在他的大殿前面飞翔。汉明帝望见这位神人，感到十分欣喜，刚想走过去施礼，神人就腾空而去，不见了踪影。第二天，汉明帝召集群臣，询问他们这到底是哪位神灵，有一位博学多闻的人回答道："臣听说天竺有一位得道的高人，名号叫'佛'，能够飞行于虚空之中。皇上梦见的可能就是他吧？"汉明帝恍然大悟，就派遣蔡愔等人出使天竺。

蔡愔一行跋山涉水，终于到达大月氏国（今阿富汗一带），并在那

河南洛阳白马寺是佛教传入中国后兴建的第一座寺庙。

里遇到了天竺来的高僧摄摩腾和竺法兰，于是邀请他们到中国传法。两位高僧欣然应邀，用白马驮着经卷和佛像，跟随蔡愔等人返回中国。汉明帝在洛阳城外为两位天竺僧人建造了寺院，专供其居住，因为经卷由白马驮回，寺院就命名为"白马寺"。

白马寺始建于东汉永平十一年（公元 68 年），距今已有近两千年的历史，是中国境内最早由皇家敕建的寺庙。摄摩腾和竺法兰在白马寺中译出了《四十二章经》，这也是第一部被翻译成中文的佛经。

浙江杭州六和塔内石刻《四十二章经》拓本

多次出家的梁武帝

历代帝王对佛教的推崇是其获得快速发展的主要原因，汉明帝以后，中国的许多皇帝都与佛教结下了不解之缘，其中梁武帝可谓是信仰虔诚的典范。据历史记载，梁武帝身为皇帝，却经常身穿布衣，一顶帽子连戴三年，一床被子连铺两年。他还严格遵守僧人日中一食、过午不食的规定，每天只吃一顿饭，饭菜也都是粗茶淡饭，五十岁之后更远离一切妃嫔，独身起居。梁武帝还几次出家为僧，大臣们为劝其回朝主持国事，只得向寺庙捐献巨资将其赎回，几乎令国库为之一空。为了推广佛教，梁武帝频繁地召开各种佛教法会，还时常亲自登坛，讲经说法，并撰写各类佛教著作。佛教也因此在梁武帝统治时期达到全盛。

《帝鉴图说》中绘制的梁武帝多次出家为僧的事件

武则天与《开经偈》

　　中国的僧人们在念经之前，往往都会先读一首《开经偈》："无上甚深微妙法，百千万劫难遭遇，我今见闻得受持，愿解如来真实义。"这首措辞典雅的偈子，相传就是由中国唯一的女皇帝武则天所写。武则天年轻时，曾经一度在感业寺出家为尼，因此对佛法有一定的理解。后来，在武则天称帝的道路上，僧人法明等献上了《大云经》，并上表说武则天本是弥勒佛下世，应代唐为国主。《大云经》中记载，净光天女前世是一位国王的妻子，而佛祖预言她未来世将以女身成为国王，这些内容完全契合武则天的个人经历和政治愿望。在成功当上皇帝后，武则天又正式下诏，规定佛教的地位在道教之上，僧、尼的地位高于道士与女冠。武则天大力弘扬佛教，建寺度僧，广设法会，开凿佛像石窟，所耗费用动辄以万亿计。她还组织僧侣翻译佛教经典，并亲自闻听高僧说法。僧人法藏就因为讲解《华严经》出色，被武则天赐号"贤首"，而由他所实际创立的华严宗，也因此又被称为贤首宗。武周久视元年（公元700年），武则天又遣使迎接禅宗高僧神秀至洛阳，并亲行跪拜之礼。就这样，在武则天统治时期，佛教经由官方认可，正式超越道教，跃居为全国第一宗教。

武后行从图摹本（局部） 原作传唐张萱绘

帝王与佛教的互惠关系

像梁武帝、武则天这样热衷于弘扬佛法的帝王，在中国历史上还有许多位。可以说，佛教之所以能够在中国盛行千年，至今不衰，帝王们自上而下的推广是其中的关键一环。当然，帝王们在姿态上表示信仰佛教，主要看重的是佛教传播对于巩固其统治的价值，同时也希望来世能够因护持佛法而继续享受深厚福报，未必是真正体悟到了佛陀所说的解脱之道。佛教主张轮回，反对杀生，将今生所遭受的苦难看作前世所做之业的果报，只要今生默默忍辱，坚持行善积德，就必定能在来世获得福报。因此，信仰佛教的百姓越多，揭竿造反的人就越少，朝廷的统治就会越稳定。凡是支持佛教的帝王，往往被僧人宣传为菩萨化身、护法金刚，在僧众心中就拥有了崇高的地位，其地位也就不易撼动。

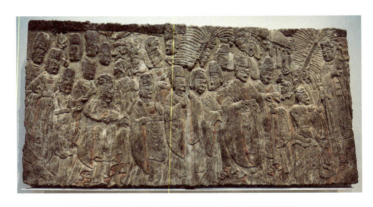

河南洛阳龙门石窟中的浮雕作品《孝文帝礼佛图》

佛教传播中的供养

　　佛教在中国的传播速度很快，在不到两百年的时间里，迅速发展成为一个覆盖全中国，并由中国输出至日本、朝鲜的庞大宗教。佛教在中国落地生根后，开始影响到中国的政治、文化、艺术、生活等各个领域，并为中华文明的继续发展提供了强大的推动力。而佛教信仰者对于宗教事务的热忱，则与它自身独特的供养制度密不可分。

什么是"供养"

供养是佛教中一个比较有特色的概念，指的是信徒们对佛教进行物质、精神两方面的供奉而予以资养的行为。它大致包括三种类型：一为利益供养，即为僧人提供衣服、卧具等各种物品，供其日常使用；二为恭敬供养，指向佛前供香花、幢幡，或用各种璎珞、金粉装饰佛身等表示恭敬的行为；三为修行供养，指正信佛教、持守戒律、遵循佛法修行；等等。狭义的供养只包括前两种。

敦煌莫高窟内的鲜卑供养人壁画

佛教主张有过去、现在、未来三世，"因果循环，报应不爽"，也就是说施行供养在维护佛教的同时，也可令供养人获得极大利益。今世供养僧人一件衣服，来世自己可能获得千百件衣服；今世敬佛、礼佛，来世自己甚至可能往生天界，享受人间所没有的长寿。这种种善因、得善果的教义，让信徒在供养时往往不遗余力、倾尽所有，以求来世丰厚的回报，这就为佛教的发展提供了源源不断的物质支撑。

建寺院和凿石窟

　　在中国境内，几乎每座稍有名气的山上，都有佛教的寺院存在，而其中绝大多数寺院都是由民间自行集资建成的。每逢寺院建成，都会刻碑纪事，将所有捐资人的姓名刻录在碑石上，以记载他们的供养功德。即使平时向寺庙内捐献灯油、钱财之类，也都会有专门的功德簿记录姓名和所捐钱物，以作为供养的凭证。

　　与兴建寺院类似，开凿洞窟、塑造佛像也是比较常见的供养方式，而中国四大石窟就是其中杰出的代表。四大石窟分别是敦煌莫高窟、云冈石窟、龙门石窟和麦积山石窟，它们不但蕴含着丰富的思想文化内容，也同样是中国古代佛教塑像艺术的聚集地。

　　敦煌莫高窟位于甘肃敦煌，是中国规模最大、内容最丰富的石窟群。莫高窟的第一座石窟开凿于前秦建元二年（公元366年），当时的敦煌处于中西交流之要冲，也是丝绸之路的必经之地，香火十分旺盛。敦煌莫高窟的佛教造像以泥塑、壁画为主，保存至今的洞窟有735个，壁画4.5万平方米，泥质彩塑2415尊。

甘肃敦煌莫高窟壁画

云冈石窟位于山西大同，开凿于北魏兴安二年（公元453年），前后持续了将近一个世纪。云冈石窟依山而建，不少石窟都采用了中国宫殿建筑式样，这也标志着这种最初由外国传入的石窟塑像艺术，开始形成中国本土的艺术风格。

龙门石窟位于河南洛阳，开凿于北魏孝文帝迁都洛阳（公元493年）前后，以后历朝均有扩建，一直持续到宋朝，前后长达400余年。龙门石窟的大佛比庄严肃穆的云冈大佛更具亲和力，这似乎也意味着佛教由高深的哲学思辩而逐渐落实到平民大众的世俗生活中。

麦积山石窟位于甘肃天水，始建于后秦（公元384年），后来经过十多个朝代不断的开凿、重修，现存洞窟194个。麦积山石窟的塑像，从体形和服饰的演变来看，越来越接近中国人的外貌特征，这也从另一个侧面反映出佛教汉化程度的加深。

像四大石窟这种模式的佛教塑像群，在中国境内仍保留有多处，这些动辄开凿持续数百年的石窟，参与其中的信众不计其数，所耗费的人力、物力更是难以估算。正是由于这种虔诚的宗教热情，激励着一代又一代信徒，"竭财以赴僧，破产以趋佛"，前仆后继地投入到佛教的供养中。佛教犹如异域传来的一棵小树苗，凭借信徒们在物质和精神两方面的滋养，逐渐成长为一棵遮天蔽日的大树。

甘肃天水麦积山石窟

中国人的思想源泉：儒释道 ●●●

佛教发展中的曲折

当然，佛法弘扬的过程并不是一帆风顺的，在中国历史上，也曾出现过在位皇帝下令禁毁佛教的情况，有时甚至会令佛教遭到近乎毁灭性的打击，这种状况在佛教界被称为"法难"。最著名的法难就是"三武一宗"，即北魏太武帝、北周武帝、唐武宗和后周世宗时期在全国推行的毁佛行动。

▌北魏太武帝的灭佛事件▐

佛教在中土弘传，势头太盛，逐渐招致道教信众的不满。北魏太武帝最初也崇信佛教，但他手下的重要谋臣崔浩信仰道教，多次向他陈述神仙之说，并极力诋毁佛教。魏太武帝因此改信道教，并对佛教有了芥蒂。在一次讨伐叛乱的途中，魏太武帝发现寺院房内藏有兵器，于是怀疑僧人与叛兵勾结，尽杀寺内僧人，并发布诏令，要求全国烧毁寺舍经像，

山西云冈石窟第十八窟造像暗示北魏太武帝拓跋焘对灭佛的忏悔

所有僧尼一律处死。这次灭佛行动后，佛教遭受重创，在中国北方一时近乎绝迹。但魏太武帝的灭佛政策并没有持续很久，崔浩几年后因事被诛，魏太武帝也很快因病而亡，继位的皇帝重新发布敕令，再兴佛教。

北周武帝的灭佛事件

历代帝王图·北周武帝（摹本） 唐 阎立本绘

北周武帝的灭佛，则并非出于抑佛扬道，甚至连道教也陷于被消灭的境遇。南北朝时期，动乱不止，许多百姓为了保全性命，都选择加入相对安全的宗教场所，以求获得庇护。北周境内，佛教庙宇数万间，僧徒数目多达三百万之众，几乎占到了北周总人口的十六分之一。而北周武帝有志于"平突厥，定江南"，急需充实国库、补充兵员，所以决定"求兵于僧众之间，取地于塔庙之下"。北周武帝的灭佛，不在于大肆诛杀，而是勒令全国的僧人、道士一律还俗，成为从事农业生产的平民和能够上阵杀敌的士兵。寺庙和道观建筑也并未拆毁，而是一律没收，成为王公贵族的宅邸。北周武帝还特令修建通道观，从佛儒道三家中挑选有名望、有德行的人留住，以示并无彻底灭除之意。从本质上说，这是一场出于经济利益的灭佛举动，意在与宗教界争夺人力与物力的支配权。这一举动在客观上大大增强了北周的综合国力，为其最后统一北方奠定了基础。

▍唐武宗的毁佛行动▍

唐武宗灭佛时年号会昌，因此这一灭佛运动又称"会昌法难"。唐朝的皇帝因为姓李，与老子同姓，故自称老子后人，又因为喜欢服食道教仙丹以求长生，故对道教一直颇为看重。而佛教在唐朝也同样获得了广泛的传播，高僧辈出，信徒云集，在朝廷和社会上都具有重大的影响力。佛道两家都走上层路线，不免存在着世俗利益上的冲突。唐武宗本身信仰道教，曾召集赵归真等八十一名道士入宫，亲自学习道术。赵归真等人力劝唐武宗灭佛，强调佛教并非中国本土宗教，而且严重消耗国

唐代晚期钱币不足，会昌五年(公元845年)，唐武宗下令没收寺院铜像、铜器，熔化后交各地政府铸开元通宝钱，背面铸简写的地名或年号，收藏于中国国家博物馆的这枚钱币背面为"梁"。

力，应当彻底铲除。于是唐武宗下令僧尼一律还俗，寺庙全部摧毁，寺内的铜像、铜钟销熔铸钱，铁像则铸为农具。根据朝廷记录的灭佛结果全国共拆寺庙四千六百余所，还俗僧尼二十六万，收回肥沃田地数千万顷、奴婢十五万人。从这些数字中，既可以看出会昌法难灭佛行动之彻底，也能从侧面反映出当时佛教繁盛的状况。

佛法弘传

僧侣西行求法取经

随着佛教在中国传播程度的加深，因佛经、戒律的典籍不足而引发的义理纷争逐渐增多。佛教自天竺（古印度）传入中国，路途遥远，最初所传入的佛经数量又极为有限，僧众在研读时经常会感到内容不足，甚至有自相矛盾之处，这种状况激发了有志之士远赴天竺求取佛经的愿望。

｜ 法显天竺取经 ｜

东晋隆安三年（公元 399 年），已经六十多岁的高僧法显踏上了西行求法之路，他此行的最大愿望，就是到达天竺，取回佛教记载戒律的典籍，让戒律制度在中国境内流通起来。法显自长安出发，经河西走廊，穿越塔克拉玛干大沙漠，南越葱岭，取道印度河流域，到达东天竺。法显在东天竺停留了三年，学习梵语，抄写经律，之后又独自游历南天竺，最终到达狮子国（今斯里兰卡）。

东晋义熙八年（公元 412 年），法显自狮子国搭乘商船，由海路返回中国，并在翌年成功上岸。法显的西行之旅，前后历经十五年，途经二十九国，带回大量梵本佛经。归国后，法显立即开始着手翻译佛经，在他去世之前的七年内，共译出经律著作六部六十三卷，其中就包括被称为五大佛教戒律之一的《摩诃僧祇律》。不仅如此，法显还将自己西行的见闻写成了《佛国记》一书，该书不仅是一部纪实文学杰作，也是研究当时西域和古印度历史以及中外交通史的重要史料。

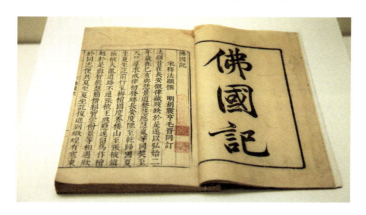

中国国家博物馆藏《佛国记》

家喻户晓的"唐三藏"

法显是第一位成功到达天竺并取回佛经的中国僧人，但无论是他的名气还是他对于佛教的贡献，都远不如另外一位僧人来得大。这位僧人法名玄奘，是唐朝人，因为精通经、律、论三藏，也因为后世一部著名的古典神魔小说《西游记》，他在中国多了一个家喻户晓的名字——"唐三藏"。

玄奘是一位少年聪慧的僧人，十三岁就正式剃度为僧，参与各种讲论法会，质难问疑，很快就穷尽诸家学说，表现出惊人的记忆力和理解力。随着遍谒名师，博览群经，玄奘心中的疑惑也越来越多，他明显感到各家的说法各擅胜场，而佛经的内容也互有出入，找不到一种确实可靠的理论来止息纷争。为此，玄奘决意远赴天竺，西行求法。唐贞观三年（公元629年），玄奘孤身一人踏上了遥远的求法之路。玄奘西行的路线与法显大致类似，但来回皆由陆路，共历时十七年，途经五十六国，可谓备尝艰辛。玄奘的经历，经自己口述，由弟子们编成《大唐西域记》十二卷，它已成为今天研究古印度和中亚史的重要资料。近现代印度一些重要的考古发现，如王舍城、那烂陀寺遗址等，都是依据《大唐西域记》的记载而成功确认的。玄奘归国时带回数量庞大的梵文经书，去世前用十九年时间共译出佛经七十五部一千三百三十五卷。

印度比哈尔邦那烂陀寺遗址

佛经的翻译与变通

中国是目前世界上保存佛经最多的国家，尤其是大乘佛经，几乎全部保存在中国，并由中国传往日本、朝鲜等地。之所以出现这样的局面，其根本原因在于佛教在中国长盛不衰，以至于翻译佛经、刊行佛经都备受重视，成为一个跨越不同朝代、涉及庞大僧众、传承有序的文化传统。在佛经传入中国后，僧侣们对佛经组织起精细的翻译工作，在这种翻译过程中，佛经的表达方式也在不经意间完成了本土化。

经律论三藏

广义的佛经包括经、律、论三部分，合称为"三藏"。经藏指记载释迦牟尼言行的著作，在佛陀去世之后由他的弟子们结集成文字，如《金刚经》《大般涅槃经》都是这一类；律藏主要是僧侣的戒律及佛寺的一般清规，法显所取回的《摩诃僧祇律》就属于这一类；论藏则指佛陀以外的高僧对佛教教义的解说，玄奘跟随戒贤法师学习的《瑜伽师地论》就是这一类。

佛经由古印度传入中国，其书写文字以梵文为主，在中国佛教界传播之前必须进行翻译。最早的佛经翻译，一般认为是东汉时摄摩腾和竺法兰于白马寺译出的《四十二章经》。《四十二章经》实际上是对佛陀所说言语的摘抄，因为共分四十二段，故而得名。此后一直到宋代为止，佛经翻译工作前后持续九百多年，无数高僧参与其中。

北京房山云居寺藏石刻雕版唐玄奘译经《大乘阿毗达磨杂集论》

中国佛教四大译经师

中国佛教史上有"四大译经师",分别是鸠摩罗什、真谛、玄奘、不空。其中只有玄奘是中国人,其余三位都是外国来的僧人。中国现存佛经之完备,与这些不远万里来到中国弘扬佛法的异国高僧密不可分。

鸠摩罗什原籍天竺,生于西域龟兹国(今新疆库车县),佛法高深,精通汉语。后秦文桓帝姚兴非常仰慕他,将其迎入长安,拜为国师。在姚兴的支持下,鸠摩罗什招收弟子,组织译经场,共翻译佛经九十八部四百二十五卷。鸠摩罗什翻译的佛经,着重意译而不恪守原文,语言简洁晓畅,富有文采,因而在中国流传很广。鸠摩罗什对自己的翻译也十分自信,曾当众发誓:"如果我的翻译没有谬误的话,就让我死后火化时舌头不被烧焦!"相传鸠摩罗什死后,其言应验。

新疆克孜尔千佛洞前的鸠摩罗什雕像

真谛是南北朝时西天竺优禅尼国人,五十岁时来到中国,不幸遭遇到中国最动乱的时代,只能在艰苦的条件下坚持译经工作,数量和质量都仅能差强人意。一直到真谛生命的最后七年,他才终于在广州安定下来，获得了当地官员的支持，开始专心译经，翻译质量也随之大为提升。真谛共译出佛经六十四部二百七十八卷，但他的汉语水平不及鸠摩罗什，又过分追求符合原意，因此语言比较晦涩，流传并不广泛。

玄奘主持的翻译工作，因为有唐朝皇帝的大力支持，参与人员众多，且分工完备，因此不但翻译数量超越古人，质量也最为优秀。玄奘还创立了"五种不翻"的原则，对于五种状况下的梵文使用音译而不使用意译：出于保密的缘故，对于佛经中的咒语不做翻译；因为一词多义的缘故，对于经文中的多义词不做翻译；某些古印度的特产，如阎浮树，中国并不出产，不做翻译；古人习惯不翻译的词汇，即使本来可以翻译，也不做翻译，以保持文献的一致性；虽然有对应名词，但是若保留原文能让人生出尊敬之心，这种情况下也不做翻译。玄奘的"五种不翻"，确立了译经的操作规范，为后世绝大多数的译经者所继承。

陕西西安慈恩寺玄奘三藏院

不空是狮子国（今斯里兰卡）人，少年时即随叔父来到中国，二十岁时在洛阳受戒为僧，因而通晓中国的语言与文化。不空曾经充当唐朝与狮子国之间往来的使者，受到两国帝王的看重，备受礼遇。不空从狮子国携带大量梵文佛经来到中国，而唐朝皇帝也将很多寺院所藏的梵文佛经集中起来，统一交给不空主持翻译。不空一生共翻译佛经一百一十部一百四十卷，其中大部分都是密宗的经典，他也因此成为中国密宗的创始人之一。不空是唐玄宗、唐肃宗、唐代宗三位皇帝的国师，地位崇高，敕命所建译经场规模庞大，人员众多，影响力较大。

瑜伽唐三藏不空法师

佛教翻译的精细化分工

佛经的翻译工作并不像想象中那样简单，除了佛经文字本身都非汉语、难以理解之外，如何组织好人力进行有效率的翻译同样也是译经工作的难题。若以一位精通梵、汉两国文字的法师口述、其余僧侣进行记录的方式来翻译经书，一部经书的翻译通常也要耗时半年之久。因此，随着经书数量的增加与翻译流程的日益完善，译经工作逐渐出现了精细化分工的特点。

以玄奘的翻译工作为例，约有下列职位：译主，由玄奘担任，亦即译场的总负责人，必须精通梵语、汉语，通晓经义，负责解答众疑，裁决纠纷；证义，辅助译主审定译文，看是否符合梵文原义，以便斟酌修正；证文，在译主宣读梵文佛经时，核对和文本是否一致，若与原文不符则译文必然有误；书字，也称度语，负责将梵文的读音以中文转写出来；笔受，负责将梵文的字义书写成中文字义；缀文，用汉语语法整理译文的文字顺序；参译，校勘原文并由译文回证原文，查看二者意思是否一致；刊定，在不影响语意的情况下，删除冗余的字句，使内容简明扼要；润文，对译文进行加工，增添连词、虚词等，使行文语气流畅；梵呗，经文译完后，负责高声念唱一遍，看是否顺耳，以修正不和谐的音节。

可以看到，译经是一项非常复杂、严谨的工作，只凭个人单枪匹马很难有所作为。四大译经师之所以能取得如此成就，与官方在人力、物力上的大力支持是分不开的。

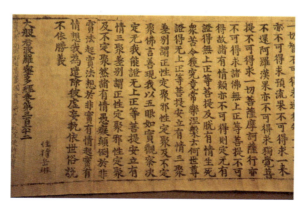

唐玄奘译、高丽初刻大藏经本《大般若波罗蜜经》

佛教的本土化过程

老子骑牛图 明 张路绘

佛教思想最初传入中国时，为了便于传播，不得不依附于本土宗教——道教。佛教与讲究"清静无为"的道家思想在一定程度上存在着相似性，佛教所讲的核心概念"空""涅槃"等，也常被当时的人解释成老子所说的"无""自然"。甚至有人传言，老子西出函谷关后最终到达了西域，并把思想传授给了释迦摩尼，更有人认为释迦摩尼就是老子转世。借助道教的庇护，佛教思想更快、更容易为中国民众接受。

佛教与道教的思想较为相近，因而很容易彼此渗透、相互融合，但佛教与儒家之间却并未出现这种和谐局面，因为二者在核心概念和价值观上都存在巨大差异。儒家看重血缘与亲情，讲究事亲尽孝，守礼用世，推崇"三纲五常"的价值体系；而佛教则主张出家为僧，持戒禁欲，不生子女，以"四大皆空"为其理论基础。这些针锋相对的立场与观点，令二者的融合之路十分艰难。

佛教在乱世的机遇

晋代之后，中国经历了将近百年的战乱，北方少数民族大举入侵中原，儒家的礼法制度逐渐失去了约束力，原有的价值标准崩塌，人们在饱尝现实苦难的同时，重新获得了思想领域的自由。在这样的情形下，人们迫切需要某种精神慰藉，以重新燃起生活的希望。佛教主张三世轮回，宣称今世所受的苦难是因为前世所作的恶业，只要今生坚持行善积德，来世就可以获得福报，而那些今生作恶多端的人，来世则会堕入地狱，永远受苦。这些主张仿佛一剂良药，让无数下层民众获得了心灵上的安

白莲社图（局部）宋 张激绘
白莲社是东晋的一个民间组织，由聚集在高僧慧远身边的
僧侣精英和社会名流组成。

宁，并由此开始接受佛教信仰。与此同时，随着传入中国的佛经数量增多，佛教的规模和势力逐渐扩张，越来越多的上层人士也投入到佛教阵营中。在吸收融汇中国古代哲学思想后，佛教根基变得越发深厚，佛教本土化逐渐具备了足够的社会基础，开始摆脱儒学束缚，进入迅猛发展的阶段。

佛教完成本土化

唐朝建立之后，中国开始了长达三百多年的太平盛世，大量新的佛教典籍被翻译出来，寺院的僧人们采用俗讲的方式，将典雅的经文与佛经故事改编为通俗浅显的说唱文字，借以吸引普通民众。由于故事富有趣味性，唱诵的音乐悦耳动听，经文俗讲成为当时很受欢迎的大众娱乐节目，并开始从寺庙走向民间，又从民间走向宫廷，佛教思想也随之传播到中国的各个阶层中。由于唐朝国力强盛，雄踞一方，朝鲜、日本等国纷纷派遣使臣来此学习先进的文化制度，佛教也随之传播至邻邦。高僧鉴真还应日本留学僧的邀请，亲自东渡日本传法，被日本人誉为"文

河西宝卷残本是在敦煌变文、俗讲及宋代说经基础上发展起来的民间俗文学

化之父""律宗之祖"。可以说，佛学思想的传播在唐朝形成一个高峰期，发展后的佛教与最初传入时相比，表述方式、传播形式、文化意义都产生了显著的变化。

儒释道融合

儒释道三教和谐图 明 佚名绘

宋代以后，儒家不得不从佛教中大量汲取养分，以重新构建自己的体系，从而形成了宋明理学。佛教与儒家，也正是在不断的对抗中，彼此都开始修正自己的某些立场，并逐渐走向融合。

中国佛教的本土化，实际上就是解决佛教如何在中国培养信众，以及如何处理与儒、道二者关系的问题。本土化的最终结果，并不是由一家吞并另外两家，而是最终走向合流。中国传统知识分子，往往身为儒家，又同时阅读佛经与道藏，在出仕为官时遵循孔孟之道，在罢官去职时又迷恋老庄的无为与逍遥，待到老年垂暮又开始信奉佛陀的轮回思想。经过几千年的历史演化，佛、儒、道的思想和理论，都已成为中华文化不可或缺的组成部分。佛教也由一种外来宗教，成功完成了本土化进程，最终成为中国民众普遍认可的传统宗教，直到今天依然如此。

佛学要旨

佛教的派别与教义的区别

佛教在传播过程中经历了不同地域、不同文化、不同制度的冲击与融合，自身也在不断完善和发展，其派别和教义逐渐呈现出多样化的特点。不同派别针对同一种经文的解读会存在明显差别，但这并不代表佛教的根本教义宗旨发生了改变，而是说明佛教的理论体系更加完备和成熟。

18世纪西藏绘画中向佛陀献草药的画面

南传佛教与北传佛教

甘肃敦煌莫高窟出土的回鹘文《阿含经》

佛教诞生于古印度，在创始人释迦牟尼去世几百年后，才开始大范围地向外传播，主要有南传、北传两条路线。南传佛教自印度向南传入斯里兰卡、泰国、缅甸、老挝、柬埔寨等地，再到达中国云南省的部分地区；北传佛教自印度往北经中亚细亚，沿着古代丝绸之路一直传到中国内地，并由中国再传入日本、朝鲜等地。

南传佛教和北传佛教不仅仅是传播路线上的差别，在内容上也存在着巨大的差异。南传佛教特别强调要维护佛陀教法的纯洁性，认为他们才是严格恪守佛陀教义的僧人。他们信奉的佛经主要是《阿含经》，认为《阿含经》可以直接追述到佛陀和佛陀亲传弟子的教导，经由代代口耳相传，最后结集成文字，几乎未曾篡改，是目前仅存的最接近原始佛教的典籍。南传佛教认为北传佛教中掺杂进大量非佛陀所说的伪经，已经丧失了佛法的本来面目。不少态度激烈的南传僧人甚至认为，北传的一切大乘佛经根本就不是佛陀所说法，而全部是后世僧人的伪造。

北传佛教的态度则要开放一些，认为凡是符合佛陀教义的说法即是佛法，至于是否由佛陀亲口所说，并不是关键。北传佛教承认南传佛教的《阿含经》是佛陀所说法，但认为《阿含经》只是佛陀所说的基础教义，真正高深、博大、彻底的教义则保存在北传佛教中。

西藏拉萨哲蚌寺——藏传佛教著名寺庙

大乘与小乘的区别

北传佛教称呼自己为"大乘"，而贬低南传佛教为"小乘"，大乘与小乘之争，是佛教史上一个旷日持久又异常复杂的问题。大乘佛教和小乘佛教几乎同时传入中国，最终大乘佛教击败小乘佛教，在中国获得绝对的统治地位。

小乘佛教认为世界上只能同时存在一位佛，下一位佛的出世必定是在上一位佛入灭之后。大乘佛教则认为有无穷多个世界存在，不同的世界里会有不同的佛，他们可以同时存在。但大乘也同时主张一切佛的智慧均等，不同佛所说的佛法从根本上说并没有差别。

小乘佛教既然认为只能同时存在一位佛，那也就等于宣布在某一位佛住世时，其他所有的僧人都无法再成佛。大乘佛教则主张众生皆可成佛，即使是牛马这样的畜生，也一样可以通过许多世的修行，最终证得佛果。在某一位佛住世说法时，还会有许多的佛化身为各种身份前来相助。大乘的这种众生平等的主张，显然更能迎合下层民众的心理，在等级森严的社会大受欢迎。

大乘与小乘还有一个根本的不同，大乘佛教认为，在罗汉和佛之间还存在一个菩萨的果位。小乘佛教心目中的罗汉，在今世的寿命终结后，就将获得永恒的清净解脱，不再与我们的世界产生任何联系。而大乘的菩萨则与小乘的罗汉不同，他们虽然拥有了解脱生死的能力，但主动选择留在这个世界，以帮助有需要的人。比如观世音菩萨，就是中国家喻户晓的菩萨形象。大乘佛教讽刺小乘佛教是"自了汉"，认为小乘的僧人只顾自己解脱生死，既没有足够的智慧去救度众生，也没有这样的意愿。而大乘佛教的僧人，则在一开始修行时就发下誓愿，不但未来要成佛拯救自己，也要普度众生。大乘佛教这种自利利人的教义，显然更有助于佛法的中土弘传，这也成为它最终战胜小乘佛教的主要原因。

云南德宏姐勒金塔——小乘佛教著名佛塔

禅宗：微笑中的无上智慧

　　禅宗是最具中国特色的佛教宗派，唐代以后始终占据着汉传佛教的主流地位，并逐渐波及日本、朝鲜等地。禅宗思想早已不仅停留在佛教界，而是渗透到中国民众的衣食住行、言谈举止之中，直至今日依然影响着中国人的心态和气质。

河南登封嵩山少林寺禅宗"天下第一祖庭"匾额

维摩演教图卷 传宋李公麟绘

拈花微笑的故事

　　关于禅宗的起源，有这样一个故事：据佛经记载，有一天，佛陀升座说法，但却一言不发，只是用手拈起一枝鲜花，展示给所有的弟子。在场的弟子都不理解佛陀的意思，只有迦叶尊者破颜微笑。佛陀很是喜悦，于是当众宣布：“我有一种崇高、精深的法门，其中的奥妙之处无法用语言描述，这种法门当于教外别立一宗，刚才我已经把它都传授给了迦叶。”这种修行法门就是禅宗，迦叶也被公认为禅宗

四川安岳县圆觉洞释迦拈花像

的初祖。由迦叶所传承的禅宗法门，与其他各种佛教宗派都不同，它从一开始就没有任何文字依据，而是通过师徒之间心心相印的默契来传承。

达摩传经说法

将禅宗法门正式传入中国的高僧是达摩祖师，他也被认为是中国禅宗的初祖。南梁大通元年（公元 527 年），达摩坐船来到中国南方，从广州上岸，听说梁武帝好佛，所以特意去觐见。梁武帝问达摩："什么是圣谛第一义？"达摩回答："廓然无圣。"梁武帝又问："跟我正在对话的人是谁？"达摩回答："不认识。"这种看似奇怪的问答，是禅宗比较流行的一种大有深意的沟通方式，后世称之为"机锋"。

在真正悟道的人看来，众生平等，圣人与凡人并没有本质的差别，所以达摩说世上并无圣人；真正悟道的人必须放下我执，达到无我的境界，所以达摩说不认识自己。梁武帝并不能理解达摩的境界，因而听不懂达摩的"机锋"，听任达摩自行离开。等到梁武帝经高僧宝志指点，想要重新请回达摩时，达摩已经渡过长江，继续北上了。达摩最后在嵩山留了下来，相传他在五乳峰的一处天然石洞中面壁坐禅，一直坚持了九年，最后，他的影子竟然印在了石壁上。嵩山少林寺的寺僧后来将这块影石开凿下来，放在寺内供信众瞻礼膜拜，少林寺也因此被称为中国禅宗的祖庭。

八高僧故事图之达摩面壁·神光参问　宋 梁楷绘

禅宗分南北

弘忍被称为禅宗五祖，常年在东山寺说法并广收门徒，因此弘忍所宣扬的这一派修行法门就被称为"东山法门"。弘忍年老时，想为自己挑选衣钵传人，于是要求自己的弟子各写一首偈子，借此来考验他们的境界。

众望所归的弟子神秀所写的是："身是菩提树，心如明镜台，时时勤拂拭，莫使惹尘埃。"弘忍对神秀的偈子加以肯定，认为若按此法门修习，可以使人境界不堕落，但认为他并没有真正领悟到佛法精髓。寺中一位杂役慧能，尽管目不识丁，也请人书写了自己的一个偈子："菩提本无树，明镜亦无台，佛性常清净，何处有尘埃？"慧能偈子的境界比神秀更为高深，弘忍就私下将衣钵传给了慧能，并嘱托他去南方传法。

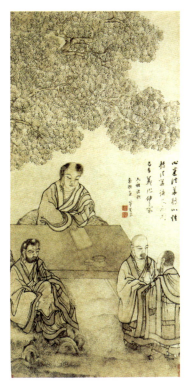

六祖像图 清 丁云鹏绘

禅宗在弘忍之后分裂为两支，神秀一支主要在北方说法，主张渐修，被称为北宗禅；慧能一支则主要在南方说法，主张顿悟，被称为南宗禅。北宗禅后来逐渐没落，南宗禅则日益繁盛，从中又分出许多其他宗派，并一直传承到今天。现在，中国境内的禅宗寺院，绝大多数都是南宗禅，并尊慧能为禅宗六祖。

"公案"是一种教学方式

禅宗强调内心的顿悟，并不过分看重宗教仪轨，历史上很多禅宗高僧会故意说一些逻辑上自相矛盾的言论，或做一些违背戒律规定的举动，用来提示弟子们不可以拘泥于外在的形式，这些奇怪的行为与言论被称为"公案"。

公案是禅宗独有的一种教学方式，师父并不向弟子详细解说其中的含义，而留待弟子自行领悟，每当参透一个公案，弟子自己的修为都会更进一步。公案的形式非常多样，因传法之需要而设立，它可以是一件事、一种行为、一首诗、一句话，甚至一个字。

布袋和尚 日本室町时代 默庵绘

我有一布袋，虚空无挂碍。展开遍十方，入时观自在。
一钵千家饭，孤身万里游。睹人青眼少，问路白云头。

著名的"南泉斩猫"公案就是一个典型案例。

南泉和尚座下东、西两堂的僧人争要一只猫，闹得不可开交。南泉和尚便提起猫来，对所有的僧人道："你们说出个道理来救救它，如果说不上来我就把它给宰了！"僧人们无言以对，南泉和尚就杀了这只猫。赵州和尚因为外出，直到晚上才回来，南泉和尚把这番经过说给他听，赵州和尚听完，脱下鞋子顶在头上走了出去。南泉和尚叹道："如果当时你在场，猫儿就得救了！"

南泉和尚和赵州和尚都是著名的禅宗高僧，他们的举动大有深意。僧人持戒，本来是不可以杀生的，但为了止息僧人的纷争，南泉和尚却果断地杀了猫。赵州和尚将鞋子顶在头上的举动，暗示南泉和尚其实是本末倒置，真正应该去除的是人心中的贪欲，而不是外在的争夺对象。

自我修行之道

禅宗非常强调"本来面目"，认为这是一种心灵没有经过后天污染的清净状态，只有这种状态才是真实的境界，而且它是一切语言文字都无法描述的。因此当师父向弟子提问时，弟子若陷入思考，师父往往会用一个简单的字来打断他的思路，甚至是用竹棍敲打弟子的脑袋，这种做法称为"当头棒喝"。在禅宗看来，任何经过思考而得出的答案都是错的，都不是佛法的真谛。师父当头棒喝的目的，就在于及时阻断弟子的妄想。

禅宗最可贵的一点在于，它并不主张离开我们所处的红尘世界来修行，也不强调依据某种具体的步骤和法门，不同的师父可以用完全不同的方式来启发自己的弟子。禅宗高僧对于佛经的态度也颇为值得玩味，他们将经书比喻为指向月亮的那根手指，而手指本身并不等于月亮。禅宗强调个体感受，主张佛法是无法传授的，只能靠自己去领悟，并认为世界上万事万物，甚至是一片普通的树叶，都包含有佛法的真谛。

净土宗：美丽的彼岸世界

净土思想在东汉时传入中国，以《佛说无量寿经》《佛说观无量寿佛经》《佛说阿弥陀经》为主要经典，因专修往生阿弥陀佛净土之法门而得名。

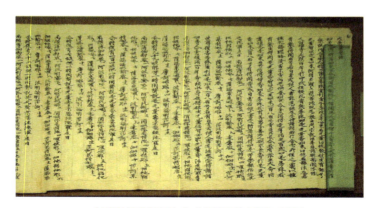

甘肃敦煌藏经洞出土《大乘无量寿经》宋译本

佛陀描述的极乐世界

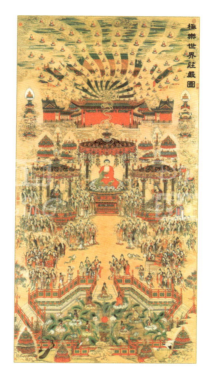

极乐世界庄严图 清 丁观鹏绘

　　佛教认为，宇宙中有许多许多的世界，多得就像恒河里的沙粒一样，无从计算其数量。我们所处的世界，佛教称之为娑婆世界，只是一个小世界。一千个这样的小世界，构成一个小千世界；一千个小千世界，构成一个中千世界；一千个中千世界，构成一个大千世界。每个大千世界，都会有一尊佛施加教化。释迦牟尼佛告诉弟子们，在与我们娑婆世界相隔十万亿个大千世界的遥远西方，有另外一个极乐世界，那里也有一尊佛，名叫阿弥陀佛，正在像我一样给弟子们讲说佛法。接下来，释迦牟尼佛为弟子们描述了极乐世界的种种神奇之处：

我们的娑婆世界中充满各种各样的缺陷与痛苦，但极乐世界却是一个完美庄严、充满幸福喜悦的世界。极乐世界的土地平坦，没有崎岖山陵，也没有各种自然灾难，只有白昼，没有黑夜。极乐世界宝树成行，金沙布地，楼阁到处都装饰着金银宝石，物质享受极为丰富，生活所需取之不尽、用之不竭。极乐世界的人从莲花中化生，寿命极长，永不生病，更不会衰老与死亡。极乐世界里没有任何嫉妒与争斗，人与人之间平等和乐，全都是一心一意修行学佛的善人。释迦牟尼佛告诉了弟子们如何去到极乐世界的方法，也因此诞生出了一个全新的佛教宗派——净土宗。

因果律与信愿行

因果律是佛教最核心的规则之一。因果律认为每个人前世的所作所为都会影响到今生的遭遇，同样，今生的所作所为也会影响到来世。我们每一瞬间所升起的念头与平时的一言一行，佛教统称为"业"，它会

重庆大足石刻呈现的地狱场景

对我们的未来产生影响。比如一个人突然生起了一个偷盗的念头，虽然现在被压抑下去，但未来如果遇到合适的条件，他就可能会犯下偷盗的恶行，进而遭受到报应，堕入地狱受苦。

净土宗的最终目的是要让僧人来世往生到西方极乐世界，同样必须遵循因果律，而其实现方式主要有信、愿、行三项：信，就是要虔诚地相信阿弥陀佛世界的存在，不能有任何怀疑。普通人对于自己没有亲眼见到的东西总是会充满疑问，这也将成为修行的最大障碍。愿，就是信众必须真心发愿，希望来世不再降生在我们这个世界，而往生到阿弥陀佛的净土世界。只有信众自己的发愿与阿弥陀佛的愿力相结合，才有可能真正实现往生。行，就是要如实修行，其方法是念诵"南无阿弥陀佛"六字，无论何时何地都不能放下这六个字，直到念诵到一心不乱、不生杂念为止。任何一位信徒若能够做到以上三项，那么在他今生的寿命终结时，接引菩萨就会前来迎接，让他来世往生到西方极乐世界。

净土宗的修行法门

净土宗的修行方法只需念诵"南无阿弥陀佛"六个字，既不需要从事烦琐的经典阅读，也不需要去做严密的哲学论证，简便易行而获益巨大，因而对于文化程度不高的下层民众有着巨大的吸引力。再者，净土宗宣扬虔诚念佛即可往生西方极乐世界，并不限定念诵者必须为出家僧人，因而在未出家的人群中也拥有广泛的接受度。

同时，净土宗以念佛为修行法门，这与其他宗派的修行方式并不矛盾，因此也就存在彼此兼容的可能性。唐末五代时的永明延寿大师率先倡导禅、净双修，要求弟子们动中念佛、静中参禅。延寿大师曾说："有禅有净土，犹如带角虎，现世为人师，来生做佛祖。"他的这一主张获得

浙江杭州净慈寺照壁上的佛号"南无阿弥陀佛"

了佛教界的广泛认可，今天不仅是净土宗，即使是天台宗、禅宗的僧人，也往往手持念珠、口宣佛号，"南无阿弥陀佛"几乎成为了佛教界的通用口头语。同样，许多净土宗的高僧同时也兼修其他宗派。

因为以上这些原因，净土宗最终成为中国佛教界信徒最多、修行法门最简洁也最具包容性的一个宗派。

【文献】

若有善男子善女人，闻说阿弥陀佛，执持名号，若一日，若二日，若三日，若四日，若五日，若六日，若七日，一心不乱，其人临命终时，阿弥陀佛与诸圣众，现在其前。是人终时，心不颠倒，即得往生阿弥陀佛极乐国土。

——《佛说阿弥陀佛经》

净土宗的传播与发展

净土宗在后世又陆续传入日本、朝鲜、越南等地，逐渐演变为一个世界性的佛教宗派。明朝时，汉传佛教已经形成禅宗和净土宗两家独大的局面。清朝时净土宗进一步发展，几乎一度达到了"人人阿弥陀，户户观世音"的地步。

近现代以来，中国的净土宗又开始经历一个奇妙的转变：越来越多的高僧开始将目光投注到我们所处的娑婆世界，倡导就在此生此地建设人间净土。假如我们能够彼此相亲相爱，各自贡献出自己的一份力量，成功把娑婆世界变成净土，那我们根本不需要再刻意去寻求其他的净土。实现这一切的关键在于清净我们的心灵，追求道德上的进步，因为对一个内心纯洁无瑕的人而言，无论他所处何地，都如同处在净土之中。

宗教不应该高高在上，对人类的命运漠不关心，而应该是利众的、光明的、欢喜的、人间的，这也许就是净土宗带给人们的重要启示。

法然上人绘卷（局部）日本镰仓时代 佚名绘

法然上人是日本净土宗祖师，画面呈现了法然上人讲经的场面。

关键词索引

音序	关键词	页码
L	《老子》	54/56/57/73/88
	《老子想尔注》	73
	《礼经》	24
	《两汉经学史》	27
	《列子》	64
	《论衡》	29/30
	《论语》	12
	老挝	115
	老庄哲学	59
	老子	1/53/54/55/56/57/58/59/60/65/67/70/75/76/81/110
	礼法	9/10/11/12/18/55/66
	李大钊	48/49
	李鸿章	45
	李斯	1
	理学	34/35/37
	濂溪之学	32/34/37
	炼丹	84
	梁启超	46

音序	关键词	页码
L	梁漱溟	50/51/52
	梁武帝	92/93/120
	列御寇	64
	列子	64/65/66/67
	林则徐	45
	灵宝天尊	81
	刘歆	25
	龙门石窟	96/97
	鲁国	13/22
	鲁迅	48
	陆九龄	37
	陆九渊	37/38/42
	陆王心学	42
	陆修静	74
	罗汉	117
	吕不韦	2
	吕祖谦	37
	律藏	105
	律宗	89
	律宗之祖	113
M	《孟子》	16
	《摩诃僧祇律》	103/105

中国人的思想源泉：儒释道 ●●●

说明：儒家、儒学、道家、道教、佛教等词为本书主题词，考虑到篇幅，未列入关键词表；历史朝代，因篇幅原因亦未列入。

透过文化细节，认识真实中国